天変地変
日本の未来が変わる!

小川雅弘
村中愛

ヒカルランド

はじめに

日本の人口が８０００人になるか、８０００万人になるか、２０２２年の12月22日までに選択しなさい。

衝撃的なメッセージを受け取ったのは、２０２１年の11月に入った頃のことだった。

今年の５月に人間ドックで異常が見つかり、高知医大で手術を７月26日に行った。腎盂癌だった。

２０１５年から計画し、２０１６年から発願して始めた『世界14万４０００人の平和の祈り』全国全県講演会と、２０２１年10月に計画していた『大縁会』を開催する矢先のことだった。

全国の仲間の献身的な『祈り』や『支援』のお陰で驚くほど順調に回復し、コロナ禍で中止を余儀なくされた２０２０年の『世界14万４０００人の平和の祈り』全国講演会を再開して、いくつかの講演会を開催した後だった。

とにかく、この事実を伝え、日本の未曾有の状況を乗り切るために、緊急にこの本を出版することにしました。

小川雅弘

目次

はじめに　1

第1章『日本の未来が変わる』　3

【2021年9月3日】未来は変わる　21
【2021年11月20日】日本が変わる　22
【1994年9月30日】準備をしよう　24
【1996年3月10日】空の雲が大きく高くなっている　26
【2000年4月9日】『空の雲が……』メッセージを考える（村中愛の考え）　27
【2003年9月23日】地球2つからの選択（一部抜粋）　29

【2000年4月8日】小学校授業の一環で米づくり　30
【2004年8月2日】学者予想の日本人数　31
【2012年8月20日】日本人は餓死する　32
【2016年12月3日】想像外と想定外を想像する　34
【2017年8月8日】月の作用　36
【2008年8月8日】日本人、早急になすべきこと①　37
【2008年8月15日】日本人、早急になすべきこと②　38
【2019年10月17日】思いが伝わらない　39
【2020年12月3日】厳しい時を迎える　40
【2000年12月24日】2020年までに原子炉を全て停止　43
【2019年12月5日】被災の連鎖　45
【2021年1月28日】2021年の予想　48
【2012年5月21日】太陽光発電が山の水脈を切った　51
【2021年11月13日】意識と認識　53

【2021年10月7日】変な地震　56
【2021年11月28日】原発の老朽化　57
【2021年12月13日】薬が不足する　58
【2022年1月12日】二酸化炭素の濃度　59

第2章『天変地変』

①温暖化

【1998年7月30日】大きな台風　62
【2001年5月10日】珊瑚が白化　63
【2001年8月17日】積乱雲と大量の雨　63
【2002年5月2日】地球の温度（個人的に聞いたこと）　64
【2003年1月10日】南極の氷　65
【2013年3月16日】野生動物　66

【2016年5月13日】水害・雷に注意　66
【2016年8月21日】日本の地震と台風　67
【2019年11月13日】地表面熱と海水温　68
【2020年1月30日】アフリカでバッタ　68
【2020年10月23日】熊が里を襲う原因　69
【2021年12月17日】北極圏の氷　70

② 寒冷化

【2006年10月16日】氷河期が来る　72
【2006年12月12日】温暖化から寒冷化への移行　75
【2008年1月1日】2008年から　78
【2013年11月26日】寒波が襲う　81
【2022年1月6日】温暖化から寒冷化　81

③　水害

【2009年6月16日】海面水温上昇　83
【2011年2月10日】土地神様を壊すな　84
【2018年7月6日】太平洋高気圧と台風8号　84
【2021年1月13日】二酸化炭素と水害　87
【2021年4月18日】地熱温が上昇（2021年4月24日メルマガ）　88
【2021年4月23日】東京23区および他県の水害　90
【2021年4月30日】現状を考える　92
【2021年8月18日】グリーンランド　94
【2021年12月17日】北極圏の氷　95

④　地球爆発

【2019年11月1日】地球が爆発する①　98
【2019年11月3日】地球が爆発する②　99

【2021年10月3日】最後の資源①　99

⑤　地震と噴火

【2015年5月31日】日本列島全県揺れる　102
【2014年9月28日】御嶽山噴火　103
【2019年5月18日】日向灘の地震と九州南部の大雨　104
【2020年1月5日】東日本大震災以上の異常な地震　105
【2020年1月6日】大規模な火災や地震　107
【2020年1月14日】フィリピンの火山噴火　108
【2020年2月29日】3月に多い地震　109
【2020年3月18日】地震や噴火　111
【2020年5月7日】地震情報（一部抜粋）　114
【2020年5月19日】地震多発　114
【2020年5月20日】東京湾の海底　115

【2020年6月1日】南海トラフの予兆① 117
【2020年6月2日】南海トラフの予兆② 118
【2020年6月4日】海からの異臭 118
【2020年7月26日】次々と噴火が起こっています 120
【2021年3月6日】〇〇〇1年の脅威 121
【2021年3月6日】警戒地域 127
【2021年4月24日】地上からの深さ 128
【2021年6月4日】おどしではない 津波 130

⑥ 水不足

【1996年5月24日】地球が危機 133
【2015年7月19日】水不足原因 0：34 134
【2007年8月7日】水を大切に使う 135
【2011年2月7日】聖なる水 136

【2018年6月6日】日本も世界も猛暑 136
【2021年3月11日】水の惑星だった地球 137
【2021年5月21日】台湾で干ばつ 139
【2021年11月25日】水に恵まれている日本 140
【2021年12月1日】湧き水 142
⑦ 宇宙ゴミ
【2016年4月11日】宇宙のゴミ 144
【2016年4月12日】14万4000人平和の祈り 146
⑧ 食糧危機
【2020年4月26日】サバクトビバッタ向きを変える 148
【2020年4月29日】世界の75％ 150
【2020年7月15日】始まった食料危機 151

【2021年11月20日】 2022年が大事です 152

⑨ 黄砂
【2021年4月30日】 現状を考える（一部抜粋） 154
【2021年11月8日】 黄砂 155
【2021年11月24日】 黄砂は半年間続く 157
【2021年12月17日】 森林と風 157

⑩ 森林火災
【2021年7月16日】 ドイツやベルギー 159
【2021年8月13日】 火と水 161

⑪ ウイルス
【1996年4月14日】 薬で身体が壊れる 163

【1997年7月9日】悪想念が作るウイルス　163
【1998年1月18日】100年間の過去からの結果　164
【1998年5月15日】2000年4月からの20年間　165
【2003年3月15日】人類は滅びない。ただ……　168
【2008年11月1日】秋でもないのにトンボが集団で飛ぶ年は……　169
【2009年3月11日】新型インフルエンザウイルスが繁殖　171
【2009年4月21日】新型インフルエンザ②　172
【2019年1月28日】インフルエンザワクチン　173
【2020年1月23日】新型肺炎　174
【2020年1月23日】コロナウイルス　175
【2020年1月26日】コロナウイルスを語る　176
【2020年1月29日】コロナウイルス、ラッサ熱、インフルエンザ　179
【2020年1月31日】コロナウイルスと身体　180
【2020年2月1日】人工ウイルス　181

【2020年3月17日】中国と5Gとコロナウイルス 182
【2020年4月28日】適用される薬 183
【2020年5月28日】コロナウイルスの終焉 185
【2020年12月17日】コロナウイルス戦争 186
【2021年4月3日】5ヶ月後にわかるワクチンの怖さ 187
【2021年4月22日】ワクチンに負けない 188
【2021年5月7日】ワクチン接種と抗体 191
【2021年9月13日】子どもワクチン 193
【2021年9月19日】ワクチン効果 196
【2021年12月1日】メディアの報道 197

⑫ 人工知能（AI）問題

【1997年12月17日】テレビとコンピューターゲーム 200
【2009年12月11日】人工知能ロボット 201

【2002年9月7日】ポケットモンスター　202
【2014年5月31日】携帯電話で血が錆びる　204
【2016年5月5日】携帯電話の待ち受け画面に子どもの写真を使わない　205
【2017年3月7日】北朝鮮の若者が携帯を持つと世の終焉　208
【2020年3月17日】中国と5Gとコロナウイルス　04：20　209

⑬　フォッサマグナ

【2013年11月21日】麒麟の足は西之島　211
【2021年10月23日】浅間山に関連して　212
【2021年10月26日】大量の軽石　214
【2021年11月17日】フォッサマグナ　215
【2021年11月30日】噴火とフォッサマグナ　217
【2021年12月16日】破局噴火　220

⑭　隕石落下
【2014年3月28日】2060年頃から隕石が飛んでくる《全集④》　222
【2020年6月26日】惑星の動きと磁気　223

第3章　『回避の方法』

《災害への準備・備蓄》
【2019年10月12日】台風の準備　230
【2020年1月5日】伝えました　232
【2020年6月30日】備蓄と畑　233
【2021年9月1日】未来は変わる 1　234
《外出時の持ち物》
【2015年9月8日】災害時の3つの必需品　238

【2021年11月24日】外出時に持って出る、3日分の薬　240
【2020年1月4日】準備が必要です　240

〖ウイルスに負けない身体〗

【2021年2月6日】お風呂で癒し効果　242
【2021年1月29日】白湯《さゆ》を飲む①　244
【2021年1月29日】梅干しを食べる②　246
【2021年2月1日】太陽に当たる③　248
【2021年2月2日】お茶を飲む④　249
【2021年2月3日】お部屋をお茶で除菌霧吹き⑤　251
【2021年2月4日】鼻うがいをする⑥　253
【2021年2月5日】合併症を持っている人への注意⑦　256
【2021年2月6日】コロナウイルスに感染したあと⑧　257
【2021年2月7日】根の野菜を食べる⑨　260

《地震・津波　災害の回避法》

【2012年12月17日】千体の龍を日本に配置　262
【2019年2月25日】水晶龍を配置する　263
【2019年5月18日】日向灘の地震と九州南部の大雨　264
【2019年10月12日】祈り合わせ　265
【2020年2月6日】悪疫と津波封じの海門寺　266
【2020年7月7日】地震や水害　防ぎ方　267
【2021年3月15日】鹿の角を埋める理由　267
【2021年4月9日】地震、災害　268
【2021年6月13日】色・匂い／臭い・風　270
【2021年7月7日】鹿の角　273
【2021年11月23日】配置する　274
【2021年12月8日】サービスエリアに鹿の角　275

おわりに　村中愛　280
おわりに　小川雅弘　282

本書は、宇宙存在メシアメジャーからのメッセージを抜粋し、記録した内容をまとめたものです。一般で言われている年代や史実と異なる部分があるかもしれません。ご理解のほど、よろしくお願い申し上げます。

カバーデザイン　櫻井　浩（⑥Design）
本文仮名書体　文麗仮名（キャップス）

第1章

『日本の未来が変わる』

小川雅弘　衝撃的なメッセージは、突然やってきた。日本の人口が8000万人になるか8000万人になるかその境は大きい。もちろん8000万人になってもらいたいが、それでも現在の日本の人口約1億2600万人から、4000万人が減って、3分の2になるなんてあり得ない⁈

しかしながらメシアメジャーのメッセージには、日本の人口が8000人や1万人になるメッセージがたくさんあった。

村中愛さんに「このメッセージ間違っていないですか？」

「メッセージの人数が違ってないですか？」と何度も質問を繰り返して聞いた。

そのことが現実に起ころうとしているのか？

とにかく、そのメッセージを見てみて欲しい。

【2021年9月3日】 未来は変わる 3

未来は変わります。

早ければ2022年12月22日を境に変わります。

日本の人口が8000人になるか8000万人になるか……この境は大きい。

現在の日本の人口は約1億2600万人です。

しかし今後人口は急激に減っていきます。

そうです、日本の人口が8000人になるか8000万人になるか大きな境にきています。

人口が減る大きな要因は、
気候変動で発火熱が多発する（全世界に影響）
水不足、農耕用の水、地下水の不足（全世界に影響）
グリーンランドなどの氷河が溶けることで海流が止まる（全世界に影響）
若者の結婚離れと出産率の低下（日本）

黄砂（日本）
ウイルス（全世界に影響）
隕石落下（全世界に影響）
戦争（全世界に影響）
森林伐採から砂漠化（全世界に影響）

【2021年11月20日】　日本が変わる

日本が大きく変わっていきます。
今から万全な注意が必要です。
自給自足を始めない人は食べ物に苦しみ、お金で物が買えない状況になります。
日本も世界も大きく変化するので、今の考え方や行動を変える必要があります。

2020年から　グリーンランドの氷……氷が溶け始めニュースで報道されるようになります。
2023年から　噴火と地震問題……日本全国が地震の恐怖に苛《さいな》まれるようになります。

２０２３年から　フォッサマグナ問題……フォッサマグナは伊豆諸島や小笠原諸島で海底火山噴火や地震が続いていくと過去と同じくフィリピン海プレートが南海トラフに向かって移動し沈み込みます。

２０２５年から　水不足……中国やイランなど10ヶ国以上が水不足で苦しみ始めます。水の輸入が多い日本にも少しずつ影響が出始めます。

２０３０年から　黄砂問題……遅くても２０４０年までに中緯度高圧帯の風が変わります。中緯度高圧帯は中緯度低圧帯で北に引っ張られます。原因は海水温度と森林破壊による砂漠化が原因です。日本は、人口の3分の2が黄砂で苦しみます。食料の輸入が減ります。

２０３０年から　AI問題……進化を続けるAI技術、データ管理、しかし高度な業務まで任せた結果……。２０４０年、AIは人間をも操作するようになります。

２０４０年から　海水温度上昇……海水温度が上がり海水が巡回しなくなります。

２０５０年から　グリーンランドの氷……グリーンランドの氷が完全に溶けます。

2100年から　高温……日本の気温は、5月から10月の間40度を超えます。
宇宙に飛ばした衛星のゴミが莫大な量に増えています。
海底ゴミが発火する。
地球の核が高温になる。

小川　そう言えば、『世界14万4000人の平和の祈り』全国全県講演会の冒頭に毎年紹介していたメッセージも気になります。

【1994年9月30日】　準備をしよう

天変地変の始まる時が来た。もう、そろそろ非常食の準備が必要です。
今年は水不足。でも、これからは地震や津波が襲って、日本の一部や世界の国々も水で沈んでしまう場所がある。温暖化で木が枯れ、火事が起こり、土が割れ、地震が起き、水不足と洪水が代わる代わる起きてくる。そして、温暖なのに砂漠には雪や雹《ひょう》が降る。

核兵器保有の多い国から順に、地震や洪水の被害が襲ってくる。

日本は輸入が減って国民が空腹になる。

若者は目的を失い、意力が減退する。

輸入にこだわらず、自国の土地で作った物を食べること。自給自足する日がそこまで来ている。


いつもこのメッセージを必ず紹介してきた。日本の問題点として

① 天変地変の始まる時が来た
② 非常食の準備が必要
③ 水不足
④ これからは地震や津波が襲う
⑤ 日本の一部や世界の国々も水で沈んでしまう場所がある
⑥ 温暖化で木が枯れ、火事が起こり、土が割れ、地震が起き、水不足と洪水が代わる代わる起きてくる
⑦ 温暖なのに砂漠には雪や雹が降る
⑧ 核兵器保有の多い国から順に、地震や洪水の被害が襲ってくる

⑨　日本は輸入が減って国民が空腹になる
⑩　若者は目的を失い、意力が減退する

小川　これらの①から⑩までの解決策として、輸入にこだわらず、自国の土地で作った物を食べること。自給自足する日がそこまで来ている。

つまり、自給自足の重要性が説かれている。そこで、講演会では、自給自足の重要性をお話をさせていただき、自身でも農業をするために2020年4月から9月まで高知県農業担い手育成センターに入学し、お米作りと、固定種での野菜作りと種取りの実習をやってきた。しかしながらまだ農地は手に入っていない。

これに関連して、いくつかの自給自足の気になるメッセージがありました。

【1996年3月10日】　空の雲が大きく高くなっている

今、空の雲が少しずつ大きく、高くなっている。雨が降り始めると大量の雨を降らせ止まらなくなる。上空で大きく雲が発達し、その雲から大量の雨が降る。

今から約30年～50年で北極の氷が溶けて40センチメートル水位が上がり、日本でも浸水場所が出る。そして、そのまま温暖化が進めば100年後に日本の人口は自給自足で8000人の食料分しか賄《まかな》えなくなる。
今から、どれだけ多くの人が自給自足を考え、田畑を耕すかが大きな分岐点となる。
自家製の種を育てよう。

小川　村中愛さんには、何時も気になるメッセージに関しては、繰り返し質問をしてきました。

村中愛　私の気になる内容です。

【2000年4月9日】『空の雲が……』メッセージを考える（村中愛の考え）

このメッセージはよく覚えています。短い文章ですが、大事なことなのでメモをしなさいと言われて記録しました。上の文章と箇条書きの2通届いて上記の文章をメッセージとして残し、このメッセージは裏メッセージとして私は保存しました。

①　今、空の雲が少しずつ大きく、高くなっている。
②　雨が降り始めると大量の雨を降らせ止まらなくなる。
③　上空で大きく雲が発達し、その雲から大量の雨が降る。
④　今から約30年〜50年で北極の氷が溶けて40センチメートル水位が上がり、日本でも浸水場所が出る。
⑤　温暖化が進めば１００年後に日本の人口は自給自足で８０００人ほどの食料分しか賄えなくなる。
⑥　多くの人が自給自足を考え、田畑を耕すかが大きな分岐点となる。
⑦　自家製の種を育てよう。

①と③は同じですが、②はすでに現在起こっています。④は23年前のメッセージですが今確実に、北極の氷が溶けて水位は上がっています。太平洋を中心とした島々は水没の危機があります。

①⑥⑦は何度も何度も繰り返し言われました。自給自足して満足に食べられる人数は8000人です。

現在の日本の人口は1億2600万人です。1億2600万人から突然8000人になるのは間違いではないですか？ 信じられない数字になっている……と、小川さんに何度も聞かれましたが、何度メシアメジャーに聞いても間違いではなく、魚・肉・米・野菜などバランスよく食べられる人の数は8000人になると答えました。

バランスよく食べるためにも、自家製の種を取りなさい。風土にあった種を取り続けなさい。自家製の種を保存しないと種も自由に手に入らなくなる。法律で種を買うことすら規制される。2000年になった頃から、と言われ続けています。

【2003年9月23日】 地球2つからの選択（一部抜粋）

このまま人類は、地球の危機に陥りながら2011年、2015年、2019年、2023年、2043年、2063年と混迷の中で生きることになります……。

最悪な場合、地球人65億の人口は8万～15万まで低下する傾向。

日本人は輸入にも輸出にも頼れなくなった時、自給自足で約1万人の人口しか賄えません。日本の人口は戦国時代とほぼ同じ人数まで減少します。

【2000年4月8日】 小学校授業の一環で米づくり

さて、日本人のあなたたちに質問をしたいのですが、
あなたも、あなたのお子さんもお米をつくれますか？
あなたも、あなたのお子さんも薪でご飯が炊けますか？

日本は輸入に頼って生活をしています。しかし、第三次世界大戦（日本が直接戦争をしなくても他国からの影響がある）や災害が起こると輸入は減ります。
日本人は米やパンが主食です。パンや麺がなくなって空腹になった時に、米が必要ですが、今の日本人は米を作っていません。農協の米と米屋の米を全部集めても日本の人口の1年しかもたないでしょう。多くの老人が亡くなったら、今の日本人は米も作れません。

全小学校で今から米作りを始めてください。米作りの授業をしましょう。
1つの小学校で300坪の田んぼに籾を蒔き、苗床を作り、田んぼに植える。水を入れ、草を引き、稲刈りをする。稲刈りが終われば、火を起こし、火種を作る。自分の作った火

で、薪に火を移し、米を炊く。こんな行為が分からず、マッチもライターも使えない子どもたち。大きな震災が来たら餓死して死んでしまいます。

子どもを守るとはどういうことでしょうか。マイカーで学校に送る、塾に送る。家はいつも冷暖房が完備され、スイッチ1つでご飯が炊け、お風呂も沸いている。こんな何不自由ない生活を送っているのは日本だけです。

生きるために、今、何を教えるべきか、日本政府も文部省も真剣に考えなくてはいけません。

地震層はあなたの足元で動いています。

もう一度、伝えます。小学校の授業の一環として田んぼで米を作る。火を起こし、米を炊く全工程を教えることが大事です。

【2004年8月2日】 学者予想の日本人数

これから10年が経過した日本を想像すると恐怖を覚えます。

だれも、どなたも、未来永劫このまま地球があると考えています。日本にも世界にも、黙示録、預言書がたくさん残っています。でも、世の変化を正しく捉えている人が少ない。このままだと今は1億2千万人以上の人間が日本にいて、2014年では、大幅な減少はないと思いますが、日本の学者は2030年になると1億1千万人を切ると予想していま す。これは何も起こらない、世界が安泰と仮定した人数です。第三次世界大戦が起きても、災害が起きても人数は減ります。2024年から戦後生まれの方々が亡くなると人数が減ります。輸入が止まったら餓死して日本人は減ります。主食を自ら作らない国は滅びます。

【2012年8月20日】日本人は餓死する

このまま、今のままの日本人の考え方や生き方では餓死してしまいます。
私たちは警告しました。1994年9月30日に準備をしようと。
ここで再度警告をします。

【1994年9月30日】準備をしよう（再掲）

天変地変の始まる時が来た。

もう、そろそろ非常食の準備が必要です。

今年は水不足。でも、これからは地震や津波が襲って、日本の一部や世界の国々も水で沈んでしまう場所がある。

温暖化で木が枯れ、火事が起こり、土が割れ、地震が起き、水不足と洪水が代わる代わる起きてくる。そして、温暖なのに砂漠には雪や雹が降る。

核兵器保有の多い国から順に、地震や洪水の被害が襲ってくる。

日本は輸入が減って国民が空腹になる。若者は目的を失い、意力が減退する。

輸入にこだわらず、自国の土地で作った物を食べること。自給自足する日がそこまで来ている。

２００７年サウジアラビアの沙漠に雹が降りました。これからは砂漠にも洪水が起きます。

早く、地域の田んぼで米を作り、畑で野菜を作る習慣をつけなくては間に合わない時が来ます。子どもの命を守るなら農業に取り組むべきです。

餓死するという言葉は死語ではありません。

【2016年12月3日】　想像外と想定外を想像する

最近の地震や台風は、想像外や想定外という言葉で表現されるが、想像外と想定外を想像することが今後は大事です。

たとえば今、封鎖というものを想像すると、
預金封鎖が起これば銀行の業務が止まり、金融措置令が出る。
税関が封鎖されれば貿易の輸出も輸入も止まる。
国境封鎖が起これば国内外での出入り禁止。
ウイルスが発生すれば地域外への外出は禁止と封鎖。
他国からの無断入国の場合は海上封鎖。

封鎖も沢山ある中で最近は、
インドでは首相が現在発行流通している高額紙幣廃止を発表、高額金は全て封鎖。
ブラジルでは税関職員の労働組合が賃金値上げで税関ストして封鎖。

中国では訪問客過多でガラス橋を封鎖。

もし、日本国で高額紙幣使用禁止や預金封鎖が出るなら、明日から日本はパニック状態になると想像外・想定外を想像してください。

まず状況に慌てず49日間の行く末を考える

3ヶ月間は地域内の物を買って食べる

自給自足の準備をする

地域外にむやみにガソリンを撒き散らして車を走らせない

小銭を確保する

無責任にあおるマスコミを信じない

7歳以上の子どもに真実と事実を伝える

全ては90日間で結果が出ます。90日間はうろたえないこと。

日本国でも、高額紙幣使用禁止や預金封鎖が起こると想像外と想定外を想像して、まず今から10万円を全て千円札に両替してタンス預金しておけば、明日から当面の小銭はあるので食べるお金には困らない。太っ腹でドンと構えていれば必ず日本の情勢は90日間で変化します。

【2017年8月8日】　月の作用

月には大量の水がありました。太陽と月の動きは絶妙ですが、月の自転作用で地球は守られています。月にあった大量の水が再び落ちてくるならば船が必要です。ノアの箱舟でしょうか⁉　ノアの箱舟は過去の出来事です。

1996年3月10日に〝空の雲が大きく高くなっている〟でも伝えました。ここに再び記載します。

今、空の雲が少しずつ大きく、高くなっている。雨が降り始めると大量の雨を降らし止まらなくなる。上空で大きく雲が発達し、その雲から大量の雨が降る。

今から約30年〜50年で北極の氷が溶け40センチメートル水位が上がり、日本でも浸水場所がある。

そして、そのまま温暖化が進めば100年後に日本の人口は自給自足で8000人ほどの食料分しか賄えなくなる。

今から、どれだけ多くの人が自給自足を考え、田畑を耕すかが大きな分岐点となる。自家製の種を育てよう。

この言葉をどれだけ多くの人が意識して心に留めてくれるだろうか。

この文章を単なるメッセージととらえないでほしい。

宇宙や月が冷えて、地球が熱くなると、地球には大雨が降るということも。

【2008年8月8日】 日本人、早急になすべきこと①

日本人男性は電車に乗って会社に行き、汗水流して働いていることで、妻や子ども、家族を養っていると思っているのは大きな間違いです。

日本は危機に直面しています。日本も世界も貧国と食糧難、自給自足ができない国は滅びます。

日本の東京には畑はほとんど見られません。47都道府県の中で自給自足をテーマに農作業している県はありません。開発とは何かを考えましょう。

家族が1年分食べられる食料を作ることが大事です。自給自足しなくては生きていけません。

自分の農園を持っていますか？　トマトやナスやキュウリも自作の物を食べていますか？

スイカやトウモロコシ、ジャガイモも自宅の畑の物を収穫して食べていますか？

庭には放し飼いのニワトリとヤギがいますか？


野菜と果物を自家採種、自家栽培、自家採取しなければ生きていけない時代が来ます。

国は守ってくれません。もう一度言います、国は国民一人ひとりを守ってくれません。

食べ物は家族で作り、両隣3軒で分け与えて食べる時が来ます。必ず来ます。

【2008年8月15日】日本人、早急になすべきこと②

家を建てましょう、自分の力で家を建てます。自分で建てる家、お金を払うのではなく、自分の知恵と身体で建てる家です。

このまま気候変動や国際関係が悪化し、輸入に支障が出た場合、日本は持ちこたえることができるでしょうか？　１００％輸入に頼っている日本が生き延びられるのでしょうか？　米も作れない、野菜も果物も作れない。家も建てられない。電気の配線もできない。魚も獲れないのに。

自給力がない国は滅びると何度もお伝えしてきました。家も自分で建て、修理する。電気の配線も自分でやる。車やバイク、自転車のパンク修理まで自分でやります。小船は自分でも作れます。釣りの道具も自分で作れます。畑や田んぼを拡大し、率先して自給自足しなければ間に合いません。

【２０１９年10月17日】思いが伝わらない

何度もお伝えしました。信じない人に未来はない。
信じない人に、鼻を抑え、口を開けさせて薬を飲ますことは容易ではないのと同じで、私たちのメッセージも信じない人にはなかなか届かない。助けたいと思ってメッセージを出しても、信じる人が少ないから助かる命も助けられないことが悲しい。

断捨離をして物を捨ててください。
備蓄をしてください。
自給自足をしてください。
海水温度が上がり地球はマイナス45度、プラス45度で90度の差が出ます。
台風は年々大きくなり最大で880ヘクトパスカルの大きさになります。
東日本は災害が多く住めなくなります。
私は大丈夫と思わず命を大切にしてください。

物事が起きてから討論をしても……、なにも変わらない。机の前で椅子に座って、話し合っても現場はわからない。

【2020年12月3日】 厳しい時を迎える

私たちは「1994年9月30日に準備をしよう」と題し、メッセージを送りました。メシアメジャー全集の1巻にも掲載していますが、もう1度内容をお伝えします。

天変地変の始まる時が来た。

もう、そろそろ非常食の準備が必要です。

今年は水不足。でも、これからは地震や津波が襲って、日本の一部や世界の国々も水で沈んでしまう場所がある。温暖化で木が枯れ、火事が起こり、土が割れ、地震が起き、水不足と洪水が代わる代わる起きてくる。そして、温暖なのに砂漠には雪や雹が降る。

核兵器保有の多い国から順に、地震や洪水の被害が襲ってくる。

日本は輸入が減って国民が空腹になる。若者は目的を失い、意力が減退する。

輸入にこだわらず、自国の土地で作った物を食べること。自給自足する日がそこまできている。


今、世界中でコロナウイルス感染が爆発的に増えています。

日本もこれから毎日、感染者数が増え続け、重篤な患者が十分な医療を受けられず死んでいきます。日本にコロナウイルス感染者が出た（2020年）1月16日から、死者が500人になるまでの11ヶ月間に何度も警告しましたが、日本は感染拡大防止対策も医療提供体制も国民への支援対策もできませんでした。

そして反対に経済を上げたいがために、ＧｏＴｏトラベルキャンペーンに踏み切りました。国から出たキャンペーンですから、みんなの気持ちが一斉にゆるみ、外出をしても良い、飲食をしても良い、旅行に行っても良いと思うようになりました。

「日本は輸入が減って国民が空腹になる」とお伝えしましたが、スーパーに行けば品物で溢れかえっている現状を見て、輸入が減って空腹になるなどと誰も思っていません。

でも、現状はサバクトビバッタで世界の25ヶ国は被害に遭って、その内の半分は食糧危機で飢えと戦っています。サバクトビバッタとコロナウイルス感染で世界は2重の苦しみになっていますが、ほとんどの日本人は関心がありません。

「若者は目的を失い、意力が減退する」とお伝えしましたが、大学にも行けず、バイトもできず、就職先もない、親の仕送りもない若者が部屋の隅で座っている姿が大勢見えます。反対に低賃金でも一生懸命働いて収入を得ていた高齢者が、今働き口がなくなって生活保護を願い出ても受理してもらえません。

経済は低迷します。日本のコロナ感染者は増え続けます。

「欧米Ｇ型」が日本に入ってきたことから死者と重篤患者は今後増え続けます。

もう一度言います。自給自足して野菜を作ってください。

自分が食べる分の野菜は自分で作る時がきました。

農家を主にする従事者が増えなくてはいけません。農業従事者の知恵と技術を学んでください。

【２０００年12月24日】 ２０２０年までに原子炉を全て停止

私たちが地球にコンタクトする本当の理由は何だろうか。

地球は全て灰になって消え去るのか。そんな簡単に地球が消えて欲しくない。

日本の原発を全て停止して、世界の全ての核を２０２０年までに処理できたら地球は覚醒する。どんなに遅くても、２０２５年までに全ての原子力発電所が消えていたら救われる。

２０２５年までに世界の原子力発電所が全て廃炉になっていたら、地球は新たな地球となって生まれ変わるだろう。

日本が自ら大きな声を出して、「日本は原子力発電所をやめるから核兵器を作るのをやめよう」と言い切る。そして実行する。２０２０年までに全て停止しないと他国には何も言えない。

大変だろうが、やって見せなくては終わらない。もんじゅにどんなに投資しても何も生まれないのと同じである。原子力発電所を閉じたなら、日本も世界もまだ生き残れる。

戦後、金に走った日本人が貧乏覚悟で原子力発電所を作った。

第二次世界大戦から70～75年後、第三次世界大戦が勃発する。

戦争の火種はアメリカとアジア圏の小さな国が引き金だが、本来はヨーロッパ圏。

第一次世界大戦は１８７０年産業革命が生産過剰状態になって経済不況に陥った。この経済不況は世界に広がり植民地支配に拡大した。アフリカは標的になり、リベリアとエチオピア以外はヨーロッパ各国の植民地となった。この植民地獲得競争が何度も繰り返され、イギリス・フランス・ロシアの三国協商とドイツ・オートリア・イタリアの三国同盟で争った。そんななか、オーストリアハンガリー帝国の皇太子夫妻が暗殺され、１発の鉄砲を打ったことから第一次世界大戦は始まった。

第二次世界大戦前、日本は朝鮮や台湾、中国の北部を支配していた。そして、中国全土を支配しようと戦争を始めたところへ、アメリカやイギリスの強国が入ってきたために大戦争になってしまった。

１９３８年イギリス・フランス・イタリア・ドイツがミュンヘン会談を開き、その会談に当事国のチェコスロヴァキアやソ連が招かれず、その後の外交から国に炸裂が始まり、ドイツ（ナチス）の無謀な領土要求とチェコスロヴァキアの犠牲により戦争を回避しようとしたが失敗し、第二次世界大戦が始まった。

第三次世界大戦は第一次、第二次世界大戦のヨーロッパ圏から始まる可能性が高く、ロシア、アメリカが大きな影響力を持つ。

【2019年12月5日】　被災の連鎖

災害にあった場所が増えて来ました。年々増える災害に心が痛みます。

災害から１週間、１か月、３ケ月と経過すると家の片付が済んでしまうと思っている人が多いようです。しかし、1年経過しても、3年経過しても現状はそのままで、中途半端なままです。

2011年3月11日、東日本大震災後の被災地はどうなっているのでしょうか？
2019年9月9日、台風15号は千葉県千葉市付近に上陸しました。大変な被害が出ました。その後はどうでしょうか?!

食べ物はありますか？
電気はつながっていますか？
蛇口をひねると水は出ますか？
ライフラインの復旧はどうですか？

災害で
電気が止まるだけなのに……
電車が止まるだけなのに……
水道が止まるだけなのに……

人は、便利に慣れてしまったので生きていけません。

今、便利さも含めて生き方を考え直す時にきています。
大変な思いをいっぱい受けて、今も尚、苦しんでいる人がいます。

海水温が1度上がると600万人に影響します。
今、刻々と氷河が溶けています。そのため海水の塩分が薄まっています。水かさが増えるので浸水区域が増えます。

今年の災害関連死での死者は何人か知っていますか？
長期交通ストップ、山間部や沿岸の道路は全て回避したのでしょうか？
国の経済、活力の落ち込み、今も続いています。
災害ゴミはどこに持っていくのでしょうか？
このまま災害が続いていくと、日本を見切る外国人がたくさん出ます。
外資系は日本から離れていきます。

【2021年1月28日】 2021年の予想

2021年コロナウイルスの終息は望めません。

2021年は「変化」が多い年なので、世界的にも「予想外、想定外」なことが多々起こります。コロナウイルス感染の蔓延から、相談する人がいない人や精神的に弱い人は混乱し、心が安定しません。


AI（人工知能）や科学の分野は加速し、進歩をしていきます。

コロナウイルスは「生き物」なので、常に進化と変化を続けていきます。

人工知能の力を借りても測れません。

コロナウイルスは簡単に終息しませんから、昨年と同じような状態が今年も続くと思っている人には大きな落とし穴が待っています。


起きる現象に右往左往せず、じっと現状を注視しましょう。

また報道関係は大きな力で押さえ込まれていますから、何事も3分の1だけを信じて、

3分の2は間違いだと思ってください。

コロナウイルスの報告を政府が受けて1年が経過しましたが、1年前と同じような体制で入院施設も少なく、入院もできないまま家庭待機の患者がどれだけいるでしょうか？

家庭待機のまま死んでいく人の心を、総理や大臣たちはどのように受け止めているのでしょう。

2021年は変化の年です。

変化の〝変〟の字は、「摩訶不思議で狂った世界」を言います。

貧しき者は益々貧しくなり、強い者は益々力を伸ばしていきます。

社会は「古い考え」と「新しい考え」を取り入れることで、益々二面性、二極化が進んでいきます。

経済は安定しません。

国の方針も決まらず、補助金や支援金は出ません。

国から大きな援助もなく中小企業は倒産していきます。

２０２４年末以降から経済は安定していく兆しが見えますが、すでに多くの会社は姿を変えています。


世界的食糧危機は加速して進みます。

内戦の余波を受ける国、コロナウイルスの蔓延、サバクトビバッタやイナゴなど害虫の影響を受けて、農作物は思うように取れません。

温暖と寒冷の差が益々激しくなり、暑い場所は高温で45度、寒い場所はマイナス45度にもなります。


日本は輸入に頼らず、第一産業の見直しを考えて行動に着手した県が残っていきます。

支援金、助成金を、若者や中堅の担い手に多く出すことで、林業・農業・漁業の３柱がしっかり立ちます。

林業、農業、漁業がぐらつく県は生き延びていけません。

国に経済救済を求めても何も答えは出てきません。

県ごとに独自で自立していく。

県ごとに防災も支援も考えていく。

県ごとに一次産業に取り組む。


国と同様、家庭も同じです。

各家庭で独自で自立していく。

各家庭で収入支出を考えていく。

各家庭で防災と自給自足に取り組む。

【2012年5月21日】 太陽光発電が山の水脈を切った

東日本大震災から急速に広がった太陽光発電。しかし日本は太陽光発電で大きな間違いを犯してしまいました。

日本の大きな間違いとは、森林を切り開いて山に張り巡らせたことです。

今、山が悲鳴をあげています。山の木を伐採し、斜面に大量の太陽光発電所を設置しました。

今までは木々が根を張って森林を支えていましたが、森林を切ったことで地滑りや土砂崩れが頻繁に起こるようになりました。

その原因を作ったのは山から里に流れる〝水の道〟と〝地下の水脈〟も切ってしまったことです。

そのために水の流れが急激に変わったことで大きな地滑りや土砂崩れが起こるようになりました。

パネルの下には草が生えないように除草用の強烈な農薬をまいています。また、山林だけでなく、平地にも太陽光発電所ができることで農地が死の土地に変わりつつあり、これから起こる災害で食糧危機に陥った場合、死んだ農地で農業をすることは不可能です。大量の太陽光発電パネルは光を吸収するだけではありません。反射熱が影響で山火事が起こります。鳥も一瞬で焼けて、地上に落ちてきます。便利と簡単を求めて人間が大量に導入した太陽光発電の未来はありません。

【2021年11月13日】 意識と認識

意識して生きるか、
認識して生きるか、
違いがわかりますか？
今、地球に住む皆さまは分岐点に立っています。
１週間に１度の間隔で地球温暖化や関東大震災クラスの地震が30年以内に起こる。火山の噴火や自然発火による山火事など、世界的にも大きな問題だとお偉い先生たちが討論しています。

しかし国民は意識していないのか、認識していないのか、まるっきり〝うわの空〟で内容を理解していません。
人口が８０００人まで減ると今のような楽な生活は決してできません。それこそ自給自足で薪を割って火をおこす生活になります。

そして最大で8000万人残るとしても、今の人口から4000万人減るのですから国の動きや働きにも変化が出てきます。変化が大きければ氣の流れも変わってしまいます。人口が3分の2になると社会的にも激変します。

30年先も今と同じような生活ができると思っている人は頭を早く切り替えてください。

日本も海外（他国）も瀬戸際まで来ています。

しかし、国民の多くはコロナが落ち着いてきたので、またマスク無しの生活に戻れるなどと浮かれています。

今から1年の間に最悪な場合を考えて生き抜く方法を考える人と、今のまま変わらないと思って遊ぶ人とでは大きく変わっていきます。

2022年12月22日まで皆さまがどのように意識して動くか、どれだけ多くの人が未来を認識するかで日本の将来は大きく変わります。

心が弱く、考え方が甘いと失敗します。心を引き締めてどんな世の中になっても生きていく、生き抜いていく知恵と力が必要です。

私たちが、メッセージを全て公開すると決めたのも、多くの人が生き延びて明日につなげて欲しいと思うからです。生き延びることができなければメシアメッセージ文庫『ふみくら』に本を読みに来られないでしょう。

東京を含む関東、東北の人が一気に減ると国としては稼働しません。

だから心から、生きながらに生まれ変わる必要があります。

コロナ感染者数も著しく減っていますが減っているのではなく、数字や検査に偽りがあります。


２０２２年を私たちは正念場として新たなる誕生の年としています。

意志をもって意識して生きていくために、皆さまに卵型の石を持っていただき、自分の魂と向き合って欲しいと願っています。


愛さんにお伝えして卵型の石を手配してもらいました。

石を手に持ち、より良き未来を創造してください。想像すると創造できます。

全ては空想世界で作られていますから、空想世界にアクセスして新しい未来を創造すると未来は変わります。

【2021年10月7日】 変な地震

今、10月7日22時41分、震源地は千葉県北西部、震源の深さが80㎞で起きた地震ですが、何か変です。

本来ならプレート同士が押し合い、その表面にヒビが入ってずれることで地震が起こるのですが、海底では何の変化もありません。

地中や海底で地震が起きたのではなく、空中から、電波塔に反応して地中に流れたような地震です。つまり、雷と同じような作用です……。

これは作為的な地震です。

広範囲で震度5なのにも関わらず、地面が割れていません。

地面が割れないような地震が今後も起こるので、慌てず火元を確認して対処してください。

【２０２１年11月28日】　原発の老朽化

稼働していない原発も含め日本の原発は老朽化しています。

そして、放射性廃棄物の処理方法が無いままです。

使用済みの核燃料の処理方法も無いままです。

核のゴミの処理方法も無いままです。

また、廃炉にすることすらできないまま、年数だけが経過したらどうなるのでしょうか？

今、日本は火山活動期に少しずつ入ってきています。それに伴い海底火山噴火

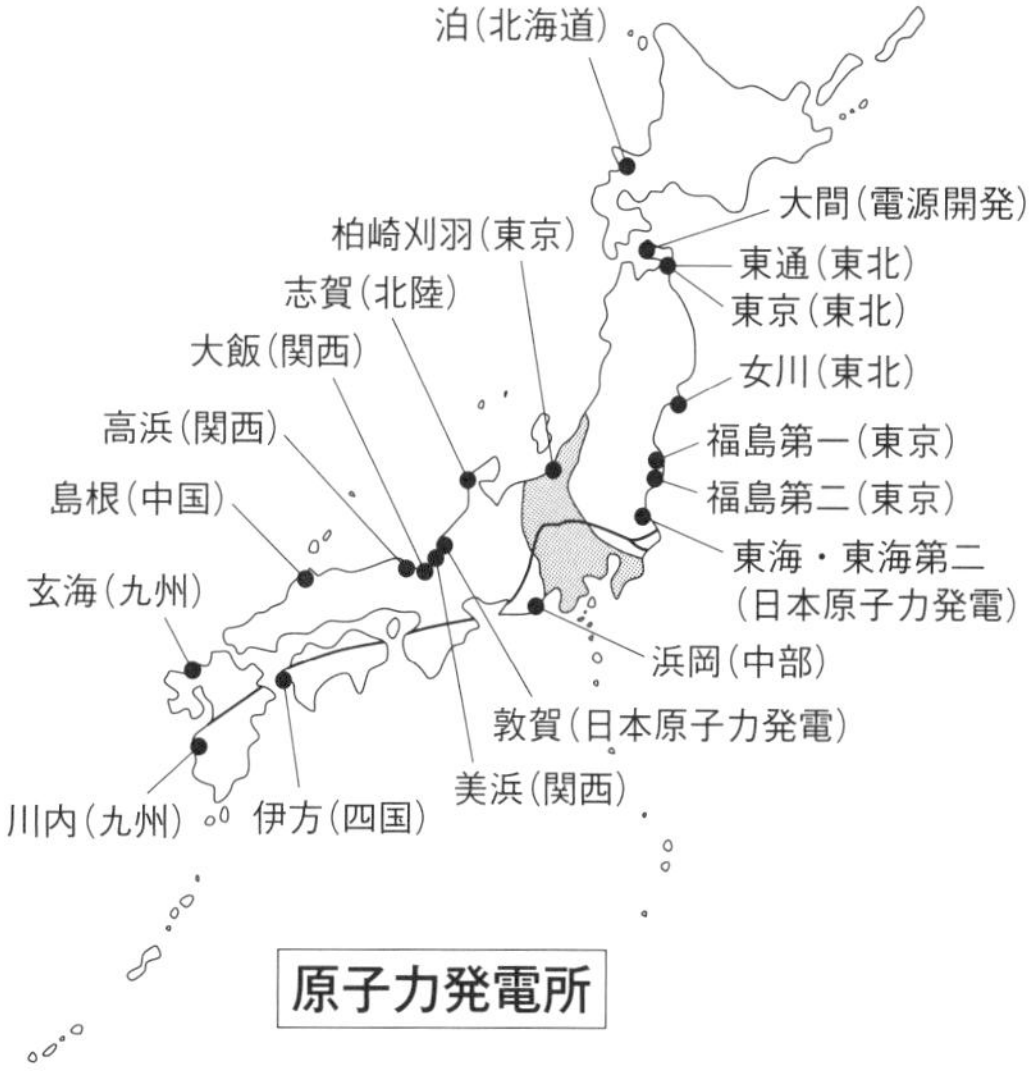

や地上噴火も増えてきています。

大きな地震、噴火、災害で人類がたくさん不慮の事故死を遂げたなら、誰が放射線廃棄物の世話や核燃料の処理をするのでしょうか。

原子炉から半径30㎞内に住んでいる住人はどれだけいるのでしょう。廃炉から100㎞圏内で人は住めません。

理由は大地の汚染、風で放射線物質が巻き上げられます。そして人は被爆します。人はどこに行けば安全に住めるのでしょうか？　解決を後回しにせず、今日、今考えることが最も重要なことです。

【2021年12月13日】　薬が不足する

10月11日に皆さまに向けてラインをしていただきました。薬の写真を投稿してもらいました。

12月10日過ぎたころからニュースで「薬がたりない」⇓医療崩壊《いりょうほうかい》……1万品が不足と報道されるようになりました。薬が不足している理由の大きな問題点は3つです。

ジェネリック医薬品（価格が安い医療品）異物混入……業務停止処分
11月29日大阪製薬会社で医療品と食料品の倉庫が大規模火事……4日間燃え続ける
輸入減で薬が入らない……その数1万品目が不足

このまま、世界情勢に変化が無くても、完全に普及するには3年はかかります。しかし、輸入減なので想像できない状況に陥る場合があります。

【2022年1月12日】二酸化炭素の濃度

日本国内の二酸化炭素濃度を調べました。新型コロナウイルスで社会活動も自粛されましたが二酸化炭素濃度は地上、海上、上空とも観測史上の最高値を更新しています。減少は見られません。減少どころか大気中の濃度は増加しています。

二酸化炭素濃度が高ければ、ますます地球温暖化が進みます。海面が上昇して海水温度も上がることで暴風雨により風水害が激甚化《げきじんか》していきます。つまり、コロナウイルスによって全世界で自粛したにも関わらず、排出量の減少もないまま大気中の濃度は増加しているということです。

つまり、人間の知恵と力で歯止めがかからないほど二酸化炭素濃度は増え続けるという証になってしまったということです。

雪だるまの例えを出しましょう。

最初は小さな、卓球玉のような小さな球を転がし、転がしているうちにだんだん大きくなっていきました。気づいたら自分の身体と同じような大きな雪だるまが出来ていました。急斜面にきて、雪だるまは一気に急斜面を駆け落ち、人の力で止めることもできなくなり最後は斜面下に住んでいる人も押しつぶされてしまいました。

第2章

『天変地変』

① 温暖化

【1998年7月30日】 大きな台風

7月23日に伝えた13項目のうち、7番と10番をしっかりと覚えてください。温暖化で海水温度が上昇しています。ここで7番と10番を再度書き込みます。

⑦ 海の温度が上昇しています。注意しましょう。

⑪ 海面水温と共に海水濃度に注意しましょう。

このまま温暖化が進めば、台風の大きさが900ヘクトパスカルを切る大型台風が誕生します。

台風の大きさが900、890、880ヘクトパスカルになると、暴風は60、70m／s（秒速）になります。

【２００１年５月10日】　珊瑚が白化

温暖化と台風の動きから日本の太平洋側珊瑚の白化が起こります。

満月の夜に産卵する珊瑚は植物ではなく、動物です。

動物なのに珊瑚は動くことも移動することも出来ません。環境が変化して悪化すると、海の森林とも言われるサンゴが危機に瀕して死んでしまいます。


これまで生態系のバランスが保たれていた日本ですが、今後温暖化や台風の発生する場所の変動で西日本の珊瑚が白化しその後死滅してしまいます。

森林と同じように二酸化炭素を取り込み、酸素を作り出す珊瑚が白化することで、海の生態系が大きくバランスを壊し、プランクトンも急激に死滅してしまいます。

【２００１年８月17日】　積乱雲と大量の雨

大量の雨が降ります。温暖化の影響を受けて、大量の雨が降ります。これから10年間がとても大切です。
今なら間に合います。今なら北極の氷が完全に溶けていません。
しかし……、このまま北極の氷が溶けると地球には住めなくなります。

今は1時間の最高降水量は50～80㎜ですが、このまま温暖化が進めば15年後には1時間で100～150㎜の雨が降ります。そしてそのまま温暖化が進めば、200～300㎜の大量の雨が降ります。
雲の大きさを調べてください。地下鉄や地下店舗は雨が流れ入ってくるのでご用心!!

【2002年5月2日】 地球の温度(個人的に聞いたこと)

愛「温暖化になるとどうなるのですか?」
メ「地球の温度が上がるとどうなるか……。」
地球表面温度が、10年で0・2度の割合で上がっていくと約12000年前の氷河期が終わった頃よりも暑くなります。北半球の氷や雪が溶けて地面が出ることで、太陽光の吸収が増えます。あと、2～3度上昇すると海面が今より25メートル高くなります。すると水蒸気が増えて特定された場所で大量の雨が降ってしまいます。

【2003年1月10日】　南極の氷

南極の氷の亀裂が始まり、亀裂から崩壊が始まりました。温暖化対策が急務です。南極の氷、大陸規模の南極の氷が急激に溶けています。氷で覆われて見えてはいないのですが水面下の氷が溶けています。南極の氷をサンドイッチに例えると、上下のパンはありますが、中のハムや野菜部分が溶けて抜けた状態になっています。中が中州状態と言えます。何度も言いますが、氷サンドの中心が溶けて、穴の開いた氷の空洞に海水が入り込み、急激に中央と下の部分が溶けています。先端の棚氷部分が急速に溶けています。


森林を壊してはいけません。

日本は人工灯で、夜に光を放ってはいけません。

アスファルトを敷き詰めてはいけません。

宇宙から見た日本は、昼間のように明るく、24時間電気が消えることがありません。宇宙から見た日本の地形はハッキリと見えます。

【2013年3月16日】野生動物

温暖化によって地球の気温が急激に上昇しています。温暖化の影響で北極や南極の氷が溶けています。アザラシ、ペンギン、ホッキョクグマが危機に瀕しています。

また、ジャイアントパンダ用の笹が枯れはじめました。

野生動物が餌を求めて山から下りてきます。鹿、狸、狐、熊、猿が田畑の野菜を荒らします。

【2016年5月13日】水害・雷に注意

温暖化が進み、北極の氷が急速に溶けています。

1回の雨量が150〜300㎜と大量に降ります。

今年から、1時間100㎜以上の雨が60ヶ所以上で降ります。積乱雲やスーパーセルが発生、局地豪雨、落雷1・5倍と報道されますが2倍以上にふくらみます。

異常な雷サージで電気系統を壊す場合があります。電気につながっている患者のために医療機器の点検が必要です。大量の雷で避雷針だけでは救われません。

【２０１６年８月21日】日本の地震と台風

今、海水の温度が上昇しているため台風が関東南で発生しています。フィリピン沖で発生していた台風が東に位置を変えています。

今後、日本の温度は最高45度まで上昇します。熱中症にご注意ください、という言葉も死語のように聞こえています。日本のいたる所から35度、38度、39度、40度の表示が出ています。

茨城県の下で震源地が見えます。震度6～7に注意してください。

愛媛県伊方の原発周辺にも活断層が見えます。小刻みに揺れています。なぜか、日本の原発周辺には地震ポイントが見えます。

【2019年11月13日】地表面熱と海水温

九州の阿蘇山も桜島も噴火、小刻みに揺れています。噴火の原因は地表面熱の上昇です。地表面熱と海水温度、両方とも上がっているので、ウルトラマンで言えば胸の警報機が鳴っている状態です。

地表面熱と海水温度、どちらも上がりました。グリーンランドの氷河、アイスランドの氷河、インド洋のハリケーン、ベネチアの水没、フィンランドの火災もオーストラリアのシドニーの火災も地表面熱と海水温度が関係しています。

もはや手遅れの状態と思えますが、最善の力を使ってから嘆いても遅くないと思います。

【2020年1月30日】アフリカでバッタ

世界で最も貧しい国の1つであるアフリカの北東部諸国で、大群のバッタ（サバクトビバッタ）が地域を埋め尽くしています。

バッタの大発生は家畜の食料だけでなく人間の食料まで脅かすほどの大群です。

裕福な国ならともかく、日々の暮らしも必死な地域、農作物も十分取れない地域にバッタの大群です。〝空を埋め尽くし〟〝大地すら見えない〟バッタの数です。

世界の中には、バッタだけでなく、大量のハエや蚊の大発生があり、今後も大きな問題となっていきます。生き物の大発生の大きな要因は温暖化が原因の地熱の上昇です。

【2020年10月23日】　熊が里を襲う原因

今、熊が里に下りて来て人を襲う。畑の野菜や果物を食べてしまうなど、熊のニュースが毎日テレビで放送されます。熊が里に下りて来る原因をいくつか考えてみましょう。

ドングリや栗など山で熊が食べる食べ物が少ない。

温暖化でクマの冬眠が短くなり食べ物がたくさん必要になった。

高齢化で人里に人がいなくなった。

残飯や生ごみが臭い、クマが食べ物欲しさに里に下りるようになった。

山で人間が排尿や排便をしなくなり、山と里との境界線が分からなくなった。

【2021年12月17日】北極圏の氷

北極圏の氷が音を立てながら溶けています。この音は気象変動に警告を鳴らす音です。

先日、北極圏で38度の高温が観測されました。今までにない気温です。シベリアでは異常な熱波も観察されています。また大規模な山火事も発生しています。

海水温度を見ればわかりますが地熱温度も上がっています。

今年7月、グリーンランドでは88億トンの氷河が1日で溶けました。

夏全体を見れば約２００億トンの氷河が溶けました。

赤道から北極に向かって抜けて冷却された海水は、高緯度にあるグリーンランド海付近の深い海に沈み込んだあと、海底をゆっくり逆流して流れます。

そのことを大西洋《たいせいよう》南北《なんぼく》熱塩《ねつしお》循環《じゅんかん》と言いますが、この大西洋の海水温度が上がっています。この大西洋の海水温度が上がる理由は、グリーンランドや北極圏から溶ける大量の氷河から出た水、淡水によって海底の流れが変わってきたことによるものです。

大量に流れ出した氷河で海水は薄くなり、海水が膨張《ぼうちょう》し蒸発することで、ラニーニャ現象やエルニーニョ現象を発生するので、なおさら気候変動を増幅させます。

その結果、海面が上昇して、塩害で森林が立ち枯れします。
また、乾燥により山火事や干ばつがあとを絶ちません。
グリーンランドの氷河が中国の黄砂にも影響しているのです。

コロナウイルスが発生して全世界で人の動きが規制されました。全世界にコロナが蔓延し、二酸化炭素の排出量が大幅に減りましたが、それでも残念なことに温暖化は止まることはありませんでした。

グリーンランドの氷河が溶け、海が淡水化することは皆さまの想像以上です。
今後は、永久凍土《えいきゅうとうど》で抑えていたウイルスも動き出し、コロナウイルス以上のウイルスの発生もあるでしょう。

② 寒冷化

【2006年10月16日】 氷河期が来る

人は誰もが地球温暖化が原因で多くの国が海に沈むと思っています。

２００８年、日本で開催されるサミットでも温暖化問題が中心になります。

でも、本当の問題は温暖化なのでしょうか……。

２０２３年、地球は大きな局面に向かいます。

地球の温暖気候は一転し、寒冷化して氷河期に突入する予兆が出て来ます。

地球は赤道付近の低緯度地方で温められた海水が、地球の自転作用によって発生した大きな潮流によって高緯度地方、つまり北極地方と南極地方へ熱を運びます。

高緯度地方で熱を放出し、冷えて比重が増した海水は海底へと沈み込み、再び低緯度地方に向かって反転しながら流れ出します。

海水は熱を低緯度から高緯度へ、再び低緯度へと循環しているのです。

だが、地球が温暖になったことで、北極の氷冠は年々溶け出して海に流れ出しました。

また、氷でせき止められていた湖の淡水が海に大量に放出するので、海流の流れが急激に弱くなっています。氷や雪解けの真水によって低緯度地方から流れてきた海水の濃度が薄まり比重が低下し、ついに沈み込む力が消えてしまう。

北大西洋の塩分濃度は過去40年前から低下し、熱塩循環の崩壊と海下流の循環が止まることにより、再び極地の冷却が始まります。

こうして広がりはじめた両極の氷床は太陽光を反射し地球を覆うでしょう。


宇宙も見てみましょう。

膨張する灼熱の初期宇宙、１秒の１０００億分の１の短時間で宇宙空間は急膨張し、未知エネルギーが作動します。現在の宇宙構造になる前、ビッグバン前の灼熱超急膨張期も宇宙全体が灼熱し、その後、冷えました。

宇宙は暗黒物質で充満し、全てに対し引っ張る力と戻す遠心力で釣り合って回転しています。

地球の風も赤道を中心に西に吹く貿易風と東に吹く偏西風。そして赤道を挟んで暖流と寒流の潮の流れ。

つまり、全てが陰陽で構成されているのです。


温暖、次は寒気、これは循環なのです。


生き延びるための食料と水。

生きるための地下都市と暖房設備。

今、もっとも気がかりな点は、温暖化を訴えるために、皆の心が温暖対策ばかりに心が注がれ、暖房器具やダウンジャケット、毛皮をゴミに捨てていること。

このままでは遅くとも100年後には寒冷化で人間は凍えることになります。

【2006年12月12日】温暖化から寒冷化への移行

このまま、温暖化が進めば……。

人々の話では、

「数日間で氷河期に突入」

「高緯度地方の国々では対応が間に合わないまま急激な気候変動に襲われて死ぬ」と思われているが、氷河期は数日間で来るものでもない。

ただ、まだ長期間時間があるというのでもない。

２０２３年までは確実に温暖化ではあるが、それ以降に氷河期がやって来ると、今は書きとめておこう。

今、２００６年。やがて氷河期の前兆としてこれから砂漠に雹や雪が降る。

世界のいたる所で浸水が起こり、川には自然ダムができて、水が人々や家屋や土地を流し、おおいつくすだろう。

雨は雷を呼び、地震、雷、火事、竜巻がいたる所で起きて人々を恐怖に陥れる。

氷河期に対する事前準備が国家的レベルで行われない限り、環境の変化に対応する間もなく、悲惨な状態に追い込まれる。

温暖化対策ばかりを議論している国は滅んでしまう。


〈ヨーロッパ〉

寒冷化により、首都圏の交通は止まる。

水害あり。

平均気温は3度まで低下。

ヨーロッパは厳しい寒冷と温暖で人は体温調整が出来なくなる。今から皮膚を出さないように子どもにも教えなくてはいけない。


〈ロシア連邦〉

北朝鮮と裏取引で核兵器やミサイル開発に取組んでいる。


〈アメリカ合衆国〉

今も同じだが、核エネルギーや中東の石油資源を確保しようとする。

アメリカは石油を掘り当てる。
今までの大統領と異なり特異性のある大統領が誕生して変化をもたらす。

〈中国〉
人口過多で中国は人の把握が出来ない。そのために子どもの出産に政府が意見を出す。
だが30年後、子どもを失った親の嘆きで国が乱れる。
水不足から中国はあらゆる国の水源を買い占める。
中国は金と金で世界を買う動きに出る。中国は衰退してゆくが最後まで滅びない。

〈イギリス〉
金銭が一部の心無い言葉から大きな問題となる。金銭の衰退が起こる。

〈アマゾンの森〉
２０２５年から２０５０年、温暖と伐採が原因で森林が広範囲に消滅。大量に木を切ってしまうことでアマゾンの森林が無くなってしまう。

〈北朝鮮〉
拉致問題は一向に進まず、親の嘆きは届かない。
次の総書記になる者に帝王学を教えている。

〈フランス〉
失業者が増える中、フランスは移住民を受け入れるのか。

【2008年1月1日】 2008年から

今年のメッセージは……、
地震で山津波、ハリケーン、台風で水の道ができて、大蛇行の川ができる。
山は鼓動→前半（7月まで）日本もアジア圏で地震が起きて揺れる。
後半は日本もヨーロッパ圏も揺れる。
飛行機が落下炎上。
雨、雷、雪、雹、竜巻で空が騒いで暴れる。熱帯砂漠に雪が降る。

悪くなれば、隕石落下。

宇宙では、１月25日にビックバンが起こる。

２０１２年12月22日から太陽圏内の星々の動きが活発化。世界では森林の伐採が進んでいきます。

２０１３年〜２０１５年から地球は大きく変動。

２０２３年には水戦争、薬害被害、人工ウイルス。

２０４３年ごろからブラジルのアマゾンの森林が消えるでしょう。

温暖化で熱帯植物しか育たないアマゾンに突発的に起こる寒気。ただし、早期に温暖化が止まればある程度は阻止できる。


人々は温暖化を意識していますが、温暖化よりも生命の危機となるのは氷河期です。

フロンによって温められた地球枠を破り、宇宙から冷気が流れてくるでしょう。

山津波で川が氾濫して池ができるように、地球枠に溜まった熱を冷やす力と、氷河や雪解け水で海水の塩分が薄まり、潮の流れが弱まります。

そのために２０５０年〜２０６０年頃から氷河期が再び訪れるでしょう。

でも、温暖化の手立てを打てば人類は全て滅亡しません。

地球の時間は、誰もが感知できるくらい急激に加速して、時間についていけない人たちもいます。

2008年、2009年で、霊界に滞在する者たちが75~78%入れ替わり、50%は光に戻り、25~28%は新たな命で人間界に誕生し、25~22%はそのまま霊界に留まります。

霊界移動のために、新たな命の誕生を迎えます。

固まった場所、集団で人が急激に亡くなり悲しむことになります。地震災害、水害が襲います。突発的な事故で一斉に亡くなります。

今年の注意事項は、常時水の確保。2リットルのペットボトル3本を家のキッチンに設置。今後のことを考えて井戸を掘り、寒冷化のために暖炉の確保。

ねずみは潜在的な霊的能力があり、水害の前兆時には必ず大移動を起こす。ねずみの動きや自然界の動きに注意する。

【２０１３年11月26日】　寒波が襲う

温暖化が進むと寒くない冬を想像してしまいますが、これから寒さが厳しくなります。世界各地で大寒波が襲います。動物が池や川で冷凍保存されたように一瞬で凍ってしまいます。

【２０２２年１月６日】　温暖化から寒冷化

地球は温暖化のあと、寒冷化になります。

海水の密度は塩分濃度と海水温で決まることは誰もが知っています。海水温が低くなり、塩分濃度が高いほど密度も高くなります。密度が高い海水は深海に沈み込み深層水になります。深層水は深層海流となって移動し続け、１０００年から１２００年かけて表層近くの海水と混ざり合いながら、再び同地点に新たなる影響を与えることを熱塩循環と言います。

しかし、温暖化で熱塩循環が止まってしまう可能性があります。

なぜなら温暖化で北極海やグリーンランドなどの北半球の氷河が溶けて、塩分濃度が下がることにより海水密度が下がってしまいます。海水温の上昇により、密度がさらに低下します。

熱塩循環が減速し、流れは止まってしまいます。流れが止まれば、止まった海域付近で温暖化の真逆な現象として寒冷化の現象が起こります。

③ 水害

【2009年6月16日】 海面水温上昇

世界の海面水温が上がっています。今世紀に入り、20世紀の平均水温より約1度あがりました。この1度の差は大きく、現在のままの上昇が続けば2013年からは海面水温はウナギ登りに上がり、1000年盛った氷河が溶け、多くの国に水害が起こります。水温上昇でエルニーニョ現象が追い討ちをかけ、地上には多くの集中豪雨が襲って、日本でも予期しない高地が浸水被害を受けてしまいます。

世界中、どこに集中豪雨が起きても不思議ではないほど、空は変動し、雲が厚くなっています。

大型台風から超大型台風に変化していきます。930ヘクトパスカルから880ヘクトパスカルの大きな台風が発生します。

【2011年2月10日】土地神様を壊すな

日本は世界一多くの神様がいる国です。その中でも特に力が強いのは土地神様です。しかし今は道路事情や家庭事情で土地神様を除ける人が多くなりました。昔から恐れがあるために神を祀って封印しているのだから、むやみやたらと外してはいけない。除けてはいけない。

除けることで水害、風害、地震が起こる。今、氏神様の力が弱くなってきた原因はここにある。

神が弱った理由は土地神様を壊したことにある。

【2018年7月6日】太平洋高気圧と台風8号

日本は、清め、浄化の雨が降っています。

7月1日から降り始めた雨、ところによっては15日間以上降り続きます。

備蓄が必要ですと何度もお伝えしましたが、ほとんどの方は聞き入れません。

何も起きずに、今日が終わり、明日が来ると思っているからです。

雨から、大雨になり、大雨から豪雨になります。なのに、備蓄の準備をしようと思わない日本人はボケています。

1日1人、2リットルの水、2合の米、砂糖、塩、酢、味噌、油の準備が必要です。


梅雨前線や台風7号の影響から、現在も西日本には大雨特別警報が出され、今も猛烈な雨が降っています。

また、7月5日にグアムで生まれた台風8号。名前はマリアです。イエスの母と同じ名前ですね。台風8号マリアは、西北西に進みながら非常に強い台風に成長しつつ、沖縄地方に進むコースを進んでいます。台風8号、最悪の場合は台風7号と同じ進路をたどり、日本上空では無尽の雨が降ります。

現在、降り始めから1000ミリを超えている地方がたくさんあり、日本列島は雨で沈没しそうに見えます。いえ、水没地域がだんだんと増え、沖縄から北海道まで水没、沈没のように見えます。

日本の東には、強い太平洋高気圧があります。また上空には、偏西風が例年以上に温かく湿った空気を送り続けているために広範囲で大雨が降り続けます。風を伴い、台風のような暴風と豪雨です。

今年は清めと浄化の水（豪雨）と火（高温熱風も含む）に注意が必要です。雨が上がれば熱風になり、最高温度まで達して行きます。

早めの避難を心がけてください。
早めの備蓄に心がけてください。

北極海周辺の地図を見てください。北極域地図を見れば温暖化も海温もわかります。海温の上下もわかります。

【2021年1月13日】 二酸化炭素と水害

1900年から2010年の間に、海面の水温の上昇から海水が膨張し、19センチメートルも海面が上がりました。

1900年代頃と比較して、現在は6倍の速さで、氷床が溶けています。その原因は、南極とグリーンランドの氷塊《ひょうかい》が、合わせて6・4兆トンも溶けて消失したことによります。

早ければ今世紀末には、生活ができなくなる地域が増えるでしょう。

土地が低いオセアニアやツバルでは、海水が陸地に流入し、井戸水が海水になったことで、作物の不作が続き、他国へ移民する人々が増えています。


極端な話になりますが、ヨーロッパはベネチア、ロンドン、オランダ、オーストラリアは市民が生活する沿岸地域を失い、中国の上海は東シナ海に沈み、アマゾン川流域やパラグアイ川流域は消えるでしょう。

日本では東京都の江東区、墨田区、江戸川区、葛飾区の4区がほぼ全域で、大阪府だと北西部から堺市までの海岸線は全域が水没する可能性があります。

地球の氷が全て消えるには５０００年以上かかると言う学者もいます。二酸化炭素の排出量を抑えなければ、５０００年後に地球の氷は溶けてしまいます。５０００年待たず、このままだと２０３０年には海水面が１ｍ上がります。

気候変動によって大規模な食糧不足や干ばつ、大洪水、熱波といった危機がもたらされます。

また、コロナウイルス以外の疫病が発生するでしょう。

今、コロナウイルス対策と同時に二酸化炭素の排出量を考えなくてはいけません。

【２０２１年４月18日】　地熱温が上昇（２０２１年４月24日メルマガ）

海水温度が１度上がると日本の周辺海域に住んでいるイワシやサンマなど、海を回遊する魚が減ってきます。

その１つの原因としては、海面に近い水が温まると栄養分が豊富な深層水と混ざりにくくなるためプランクトンが減少し、それによりプランクトンを餌として食べている魚が急激に減ってしまいます。

また日本には満潮時の水面より低い土地に住んでいる人は２百万人以上います。温暖化により１～２度上がることで海水面が65センチメートル上昇すると、全国の約８割の海岸が消えてしまいます。

海水温度の上昇は私たちの生活を脅やかすもとになります。たった１度といっても絶妙なバランスで成り立っているのです。


さて、海水に対しての話は今まで何度もしてきましたので、今から土地（地中）の温度が１度上がるとどうなるのかをお伝えします。

地中の温度が１度上がると地中に居る無数の微生物の数が激減していきます。

地中の微生物が少なくなると地下に流れている水質も変わっていきます。

今、地球温暖化や海水温度の上昇と言われていますが、もっと急激に変化しているのは地下温度です。つまり地下の温暖化です。

２０１０年から２０２０年の10年で地下温度は０・５度も上昇しました。今後このまま開発が進めば10年も経たずとも大きな地震は都市圏で起こるでしょう。

地表から地下50メートルの内部の地熱が上がっています。

地下の温度が上昇する原因はいくつかありますが、特に日本の問題は地下の構造物です。

地下の構造物と言えば1番に考えられるのは地下鉄です。地下に無数に走る地下鉄がどれだけ熱を発して走っているのか、また地下鉄に合わせて地下街のショッピングモールの多さから常に熱が発せられています。

日本の3大都市といわれている東京、大阪、名古屋には地下に公共的な建物がたくさんあります。


100年以内に関東周辺に地震が起こると言われていましたが、今は10年~30年以内に震度6以上の地震が起こる可能性があるでしょう。

つまり、関東周辺は震度6以上の地震はいつ起きても不思議ではない状態なのです。

その原因は単なる地球内部の岩盤（プレート）のズレだけではなく、地下の温度上昇も加算されていると言えます。

【2021年4月23日】 東京23区および他県の水害

東京23区ではどこが浸水するでしょう？と聞かれると、即答できる人はどのくらいいるのでしょうか？

東京の４区（Ｐ87参照）では約１５０万人が住んでいます。

海水温が１～２度上がると浸水してしまいますが、ここに住む１５０万人の人は、浸水後、どこに住むのでしょうか……。

神奈川県の川崎市の川崎区、

大阪府の港区、西淀川区、北区、浪速区、城東区、大正区、西成区、

兵庫県の尼崎市の南部、西宮市（甲子園のあるところです）、

愛知県の津島市、弥富市、から7市区や岐阜県海津市、

千葉県の九十九里浜、東京都の関東平野、

新潟県の越後《えちご》平野、愛知県、岐阜県、三重県の濃尾《のうび》平野、

佐賀県の佐賀平野なども主な０ｍ地帯です。

集中豪雨や台風、高潮、津波で私達の生活は脅かされてしまいます。

海水温が、たった1度～2度上がるだけで生活は一変して、浸水に遭うのです。

【2021年4月30日】　現状を考える

〈森林〉

4月10日のメッセージで森林率が50％を切った県が増えていると伝えました。森林が50％を切った場所（県）には地下鉄が走っています。なぜか比例しています。都市化の発展を望めば望むほど、森林割合が少なくなっています。

森林を見て木の状態が分かりますか？　森林の木、枯れた枝は多くないですか？　木の先に葉っぱが無い木はありませんか？　木の先端はありますか？

〈黄砂〉

ここ数年、黄砂がたくさん日本にも飛んできています。家の中も砂でザラザラしていることがわかると思います。

黄砂が増えた原因は羊の放牧です。羊は草を食べきると足の爪で根を掘り起こして食べてしまいます。羊の飼育は良質のカシミヤを作るためです。それは人間がカシミヤを欲しがることが原因です。良質なカシミヤを過剰に欲しがるからです。だから黄砂の問題は人害になります。

〈地震〉

トカラ列島近海で地震が多発しています、また伊豆近海が揺れています。

相模湾周辺のプレートが動いています。日本を取り囲むプレートの境が揺れています。

日本人は地下熱を上げています、日本が２つに分裂するのを加担しています。

〈日本列島の成り立ち〉

日本の西側半分がまずできて⇓地震や噴火や大陸移動などの諸々から⇓東側半分ができあがり⇓合体⇓日本列島になりました。……日本は合体してできた列島なので元々、境（亀裂）があります。

今、プレートの境が常に動き、地面が揺れています。

〈神奈川県の異臭騒ぎ〉

地震層が動いています。海底移動が原因で異臭が上がってきています。真剣に海のことを考える必要があります。複数のプレートが複雑に絡み合っているので小さな移動でも臭いが発生しています。

もし今、地震が起きたら大丈夫ですか？　備蓄品はありますか？　地震が起きたときの連絡場所、ルート、集合場所、話し合いができていますか？　今真剣に考えれば対応できます。今後、世の中は激動し変わっていくでしょう。

今はまだ4月ですが、フィリピン近くで発生した台風2号は、30度近い温かい海上で急激に勢力を強め、一時中心気圧は895ヘクトパスカルの大きさでした。1月〜4月に発生した台風としては観測史上類のない気圧です。

今後、何度も急速に発達する熱帯低気圧が増えるので、準備ができていないうちに大きな台風になります。

【2021年8月18日】　グリーンランド

急激に進む温暖化で、今日本は局地的な豪雨を経験しています。

この1週間で半年間の雨量を観測した地域も多かったと思います。今も雨が降り続いている所もあります。しかし、雨が降っているのは日本だけではありません。

北極に位置するグリーンランドでも雨が降りました。1950年から記録が始まった米国立雪氷データセンターによると、降水量は非常に多いと発表されています。

グリーンランドと言えば世界最大の島としても有名で、面積は日本の6倍です。島の3分の2は北極圏なので、年中雪と氷に覆われているのですが、グリーンランドに雨が降ることは異常です。

北極圏に生息する、ホッキョクグマやホッキョクキツネ、アザラシなどの哺乳類が、今後も住めるのか心配です。

【2021年12月17日】 北極圏の氷

北極圏の氷が音を立てながら溶けています。この音は気象変動に警告を鳴らす音です。

先日、北極圏で38度の高温が観測されました。今までにない気温です。シベリアでは異常な熱波も観察されています。また大規模な山火事も発生しています。海水温度を見ればわかりますが地熱温度も上がっています。

今年7月、グリーランドでは88億トンの氷河が1日で溶けました。夏全体を見ると約200億トンの氷河が溶けました。

赤道から北極に向かって抜けて冷却された海水は、高緯度にあるグリーンランド海付近の深い海に沈み込んだあと、海底をゆっくり逆流して流れます。

そのことを大西洋南北熱塩循環《たいせいようなんぼくねつしおじゅんかん》と言いますが、この大西洋の海水温度が上がっています。

この大西洋の海水温度が上がる理由は、グリーランドや北極圏から溶ける大量の氷河から出た水、淡水によって海底の流れが変わってきたことによるものです。

大量に流れ出した氷河で海水は薄くなり、海水が膨張《ぼうちょう》し、蒸発することでラニーニャ現象やエルニーニョ現象を発生するのでなおさら気候変動を増幅させます。

この結果、海面が上昇し塩害で森林が立ち枯れます。

また、乾燥により山火事や干ばつがあとを絶ちません。

グリーランドの氷河が中国の黄砂にも影響しているのです。

コロナウイルスが発生し全世界で人の動きが規制されました。

全世界にコロナが蔓延し、二酸化炭素の排出量が大幅に減りましたが、それでも残念なことに温暖化は止まることはありませんでした。

グリーランドの氷河が溶け、海が淡水化することは皆さまの想像以上です。

今後は、永久凍土《えいきゅうとうど》で抑えていたウイルスも動き出し、コロナウイルス以上のウイルスの発生もあるでしょう。

④ 地球爆発

【2019年11月1日】 地球が爆発する①

「地球が爆発する」って?!

「冗談だよ」と言って笑っている人がいるけれど、爆発の危機にきています。

先月も、メタンハイドレートの話をしました。地球爆発はいつ起こっても不思議ではない状態。なぜなら、温暖化でメタンハイドレートが溶け始めたからです。

世界各地の大陸棚付近の海底には、高圧低温により氷状になったメタンハイドレートが大量にある。これが温暖化により溶け出せば地球爆発は必然と起こります。

メタンハイドレートと地震と温暖化、この3つは大きくつながっていて、メタンハイドレートを掘ることで爆発は免れる。今回3度目の危機に地球はきています。

【２０１９年11月3日】　地球が爆発する②

世界各地の大陸棚付近の海底には、高圧低温により氷状になったメタンハイドレートが大量にある。これが温暖化により溶け出せば地球は爆発する。

ノアの方舟、地球全体が海になったのも同じことでした。

【２０２１年10月3日】　最後の資源①

最高の資源と言えば良いのか、最後の資源ですと言えば良いのか、それはあなた達が決めることであり、あなた達が決めたら良いと思います。

私たちがメタンハイドレートの話をしたのは１９９９年６月でした。あれからずいぶん長い月日が経ってしまいましたが、あまりメタンハイドレートの進展はありません！

日本近海の海底深くに沈んでいるエネルギー資源がメタンハイドレートです。

また、マンガンノジュールですと伝えました。メタンハイドレートはメタンガスが水分に混ざった物質です。

日本の近海の海底にたくさんあります。大量のメタンハイドレートは四国沖にあります。しかし、四国沖や南海トラフを邪魔する地震の層もあります。

地震層内の圧力で大気中に大量のメタンガスが噴出する恐れがあります。

メタンハイドレートを掘らない限り地震の層は段々と大きくなっていきます。

メタンガスは温室効果ガスの一種なので、地球温暖化の原因ともなっています。

地球温暖化によって海底の温度が上がることで海洋生物の生態系が今は非常に狂っています。深海魚達が海面ギリギリまで上がってくるという異常事態も起きています。

メタンハイドレートは日本の経済水準水域内にあるので、決して他国に邪魔されることなく採取ができます。

今まで何度もお伝えしたようにメタンハイドレートはあなた達が思っている以上に大量にあり、現在の日本人が使う天然ガスの年間消費の約１００年分以上はあるのです。

日本人の技術はズバ抜けています。

天然ガスや化学、プラント分野でも世界有数の技術者と研究者が集まっていますから胸を張っておやりなさい。

これより先、益々地震が増えてきます。注意が必要です。

⑤ 地震と噴火

【2015年5月31日】 日本列島全県揺れる

震源が深い場所で起こったことで津波を免れました。

今まで日本全県が揺れる地震はありませんでした。でも、私たちは何度もお伝えしました。日本は地震大国であるとお伝えしています。


まだまだ、雷、竜巻、台風、津波、地震で、日本は被害が出ます。

日本はオリンピックで浮かれている時ではなく、次々と問題が浮上しています。手を挙げてオリンピック開催国をしたいと笑っている時でしょうか？

今は3・11地震の後始末や、行き場のない弱い人たちを守る時ではないでしょうか。弱い人たちが泣いています。辛くて寂しいと、声をあげることができない弱い人たちを守る時ではないでしょうか。

西之島の噴火は警告を送り続けています。

【2014年9月28日】 御嶽山噴火

噴火警戒レベル1の御嶽山が噴火してしまいました。警戒レベル5ではなく1でした。ですがマグニチュード7以上の地震が起きると早ければ1年以内、遅くても5年以内に近くの山が噴火します。日本には110ヶ所の活火山があり、地震は活火山噴火につながっていくという現状を忘れないで下さい。

御嶽山が噴火する前に、微小の振動を感じていたはずです。小規模な地震が多発していたはずです。地域の人も政府や環境庁や学者だけに頼らず、自分たちの地域は自分たちで監視することが大事なのではないでしょうか。

御嶽山は富士山の代わりに噴火したと言われる方がいますが、今回の御嶽山と富士山とのつながりはありません。御嶽山は東日本大震災の影響を受けての噴火です。

ただ、東京の南岸、西之島の噴火が収まったため、富士山の噴火が起こらないとは言い切れません。

【2019年5月18日】日向灘の地震と九州南部の大雨

一昨日から、九州南部で湿った空気が流れ込み、広範囲で雨が降っています。

宮崎県と鹿児島県は猛烈な雨で多くの人が足止めされ、今も局地的な豪雨となっています。

種子島や屋久島の方々は土砂崩れや川の増水、雷雨など引き続き注意してください。

また、強い風が吹き、台風かと思うような風速、突風から、停電にもご注意ください。

外出される方は水位や強風に注意してください。


九州、日向灘に起こると予想された地震を、大量の雨で冷やしています。

18日までに起こると予想した本震地震7の大きな地震は、分散され回避の方向に進んでいます。

でも、まだ祈りは大事です。

備蓄を心がけている人は安心です。

今後も備蓄を心がけてください。

箱根山の噴煙にもご注意ください。

【2020年1月5日】 東日本大震災以上の異常な地震

今、東日本大震災以上の地震がいつ起こっても不思議ではないと伝えておきましょう。

早ければ3月前後、遅くても今年後半に異常事態宣告が出される場合があります。

どこまで回避できるか、今は答えがない。だから、準備が必要です。何事が起きても対処できるように準備が必要です。

首都圏および伊豆諸島と小笠原諸島
東北全域
九州全域
北陸

北海道東部
福島県
茨城県
栃木県

〈気になる県〉
鳥取県
徳島県
東北全域、太平洋側は隆起し、日本海側は沈降しています。

北海道東部、根室は沈降して、阿寒は隆起して、その差は12センチメートルにもなりました。

石川県の白峰が大きく沈降しています。山が下がるのは異常事態で、近県に影響します。

日本政府に言いたい。地震の予測は既にできているはずです。伝えてあげなければ救える命も救えなくなります。

震度3程度の地震が頻繁に続けば人は察するだろうという曖昧さはやめてください。

NHKが8日間連続で特番組『首都直下地震ウィーク』で放送すれば、大体の人が予想できるだろうという曖昧さはやめてください。しっかりと言葉で伝えないと伝わりません、日本人は今日の延長に明日があると、いまだに思っています。

「今、すでに危ない時に直面している、震度8の地震が起こる前兆、予兆がある」と伝えなくてはいけない。避難できるように身の回りの準備はできていますか、備蓄はできていますか、連絡先を決めていますか、と問いかけてあげないと人は動きません。

海の地震はプレート境界で起こるため、被害が広範囲になり、長い時間揺れて被害が出ます。陸の地震は直下型ですから地震の真上にある県は大きな被害が出ます。

【2020年1月6日】 大規模な火災や地震

警告です。

オーストラリアの森林火災は地球の未来図です。
逃げられない、走れない、危機を感じないコアラと人間は同じです。
火事も水害も地震も噴火も戦争も身近に迫っています。

命を守る方法を考え、行動に移さないと、ゆでガエルになります。火災で死ななくても巨大な煙で呼吸困難になってしまいます。

オーストラリアは夏で、カリフォルニア州は冬です。
大規模な火災は北半球でも南半球でも起こっています。大規模な地震は日本でも起こります。大規模な水害、火災、台風（ハリケーン）、地震は、地球のいたる場所で起こります。

もう一度言います。命を守る方法を考え、行動してください、このままだと人はゆでガエルになります。

【2020年1月14日】フィリピンの火山噴火

本日、フィリピンのマニラの南、タール火山が噴火しました。もともとフィリピンで2番目に活発な火山なので噴火はあり得たと思います。

タール火山は環太平洋火山帯に位置しているので地震や火山は珍しくないのですが、変動段階に入りました。

東京からマニラまで直線距離で約３０００キロ。飛行機で東京からマニラまで飛ぶと3時間30分程で到着します。時間から見てもフィリピンは意外と近いことが分かります。

タール火山の噴火規模は日本で起こる可能性もあります。

【2020年2月29日】　3月に多い地震

新型コロナウイルスの話から1か月半が過ぎようとしています。

新型コロナウイルスの蔓延を心配しているのに、次は地震の心配も重なります。

地震の対策もしっかりしておきましょう。過去の記録を見ると3月には多くの地震が発生しています。

１９３３年の昭和三陸地震、２０１１年の東日本大震災。

地震の大きさでみれば、
1896年の明治三陸地震、1960年のチリ地震、1923年の関東地震、1925年の北但馬地震、1927年の北丹後地震、1930年の北伊豆地震、1952年の十勝沖地震。

1843年、1952年、2003年と、60年~80年周期で地震は繰り返し起きています。地震の栄養素は戦うエネルギーなので、戦わないこと、イライラしないこと、キレないことです。

21世紀に入り、3月に地震が多発するようになりました。
2001年3月24日の芸予地震
2005年3月20日の福岡西方沖地震
2007年3月25日の能登半島沖地震
2011年3月11日の東日本大震災
2011年3月12日の長野県・新潟県県境付近地震

　２０１２年３月14日の千葉県沖地震

新型コロナウイルスも心配ですが地震にも注意が必要です。

備蓄は大事です。過度の買い占めではなく、命を守り、食の安全性を求めた備蓄は大事です。

３月、４月は地震に注意してください。

【２０２０年３月18日】　地震や噴火

首都圏の１都３県で継続していたコロナウイルス緊急事態宣言を、今月21日の期限で解除すると総理が表明しました。

首都圏の桜もまもなく開花です。

人は春の桜に誘われて活発に動くでしょう。でも、活発に動くのは人間だけではありません。

相模湾付近の北米プレートとフィリピン海プレートが接する相模《さがみ》トラフは、東西で太平洋プレートとユーラシアプレートの、４つのプレートが複雑に絡み合う場所であることは多くの方がご存知だと思います。

今、海底では警報音が鳴り響いています。警報の1つして、活断層の割れ目からプレートがこすれて剝がれ、異臭がするのです。

2013年から続いている三浦半島の城ケ島近くの海底隆起、そして今、千葉や茨城を震源とする地震もこの相模トラフの周辺です。

ゴムが焼けたような臭いやシンナーのような臭いがする度に、何度も市民が消防局や警察に通報しています。

そうです、2020年6月の横須賀市と三浦市周辺を皮切りに、神奈川県などの広い範囲で相次いでいる異臭騒ぎ。そして、10月には横浜市まで異臭が広がりました。

先に述べたように、異臭の原因は活断層が動いていることで、地底深くにあるガスが漏れてきていることが原因です。

卵が腐ったような臭い、接着剤のような臭い、魚が腐ったような臭いは、全て活断層のズレと歪みから起きている臭いです。

２０２０年６月、７月、８月、９月と、毎月ガスのような臭いがすると通報が寄せられています。

避難の準備はできていますか？
備蓄品は揃っていますか？
新しい下着やスニーカーの準備もできていますか？
備蓄品、避難場所、連絡先、連絡方法などすべて手配は済んでいますか？

北米プレート、フィリピン海プレート、太平洋プレート、ユーラシアプレートが動いています。
北海道から沖縄までの山々、特に〝日本の中心にそびえ立つ富士山の噴火と震度７度以上の大型地震が起きる予兆〟は、今や予兆ではなく現実社会に起きうる現象として捉えるべきです。

【2020年5月7日】　地震情報（一部抜粋）

今、九州福岡の玄界灘や鹿児島県のえびなが大きく下がっていますが、多くの人が写経帳を埋設して『作動』と、声をかけているので九州は震度6までで収まるでしょう。でも関東は怖い。太平洋プレートが北米プレートに潜り込んで、境界付近が大きく動いています。

長野県から千葉県のライン、盛岡市の南側海底、いわき市前の海底、宇都宮市から横須賀市まで、大阪北部から淡路島周辺、注意をしてください。

【2020年5月19日】　地震多発

日本全国で地震が多発しています。

2014年に火山噴火した御嶽山の麓が、再び揺れています。

木花咲耶姫《このはなさくやひめ》と大山祇《おおやまづみ》の神を祈ってください。
木花咲耶姫の神格は、山の神、火の神です。
大山祇の神格は、山の神、海（水）の神です。

要石《かなめいし》がある「地震封じ」の神社をお参りください。
すぐ神社に行けない人は今の場所から祈ります。

備蓄品の確認をしましょう。
水は、充分にありますか？
ガソリンは、満タンに入っていますか？

【2020年5月20日】 東京湾の海底

昨日は日本全国で地震が多発しました。
岐阜県飛騨地方と長野県の両県境で特に多発しています。断層帯や火山活動はありませんが今後は注意が必要です。

私たちは村中愛さんに伝えました。
「5月20日22時20分から深夜の2時20分までの間、木花咲耶姫と大山祇の神を祈りなさい。東京湾で小さな地震が何度も繰り返されます。小さな地震が何度も繰り返されるたびに大きくなる」と伝えて祈ってもらいました。

東京湾の小さな地震は海底地すべりです。
2000キロ、3000キロの遠方の地震がきっかけで海底地すべりが起こっています。今、東京湾の海底で起こっている地すべりは、人間が作った大量のゴミが流れ込み、急勾配の不安定な地形が作られていることが原因です。
5月20日地震検知機2回→実数5回
5月21日地震検知機4回→実数7回
5月22日地震検知機1回→実数4回

また東京湾での群発地は、ほぼ同じくフィリピン海プレートと北米プレートの境界の場所で起こっています。今後の大きな揺れにご注意ください。

【2020年6月1日】　南海トラフの予兆①

４月末から頻繁に起こる地震は南海トラフの予兆がします。

茨城県や千葉県だけでなく、今は避難と備蓄を心がけている人は安心ですが、「何とかなる、日本は直ぐに復興する」というような甘い考えを持っている人は大変危険です。

南海トラフに沿って紀伊水道から豊後《ぶんご》水道、日向灘に地震が頻繁に起こっています。

ユーラシアプレートが押される地震が、２０１８年以降徐々に増えています。愛知県、三重県、和歌山県の地震がさらに増えたことにより南海トラフも連動して動き始めています。

コロナウイルスの関係で避難場所でのマスク着用も義務付けられます。暑さや密集の不安もあります。是非、各自ができる準備をお願いします。

【2020年6月2日】 南海トラフの予兆②

若狭《わかさ》湾から濃尾《のうび》平野の地盤が沈降しています。

伊勢湾の断層が東西に引っ張られることで琵琶湖の水が減り始めました。

フィリピン海プレートが南海トラフに滑り込んでいることが原因です。日本列島がキリンの姿に見えます。

身体のウエスト部分は伊勢湾、琵琶湖、若狭湾ラインにあたりますが、地盤が沈降しているので今後は意識して調査をするようにしてください。

【2020年6月4日】 海からの異臭

地震や地滑りなど、地殻変動で異臭がすることは地質学では常識です。

山では、異常なほど土の匂いがして、生木が裂けたような匂いがします。

海では、潮の匂いが変わり、魚は死んでいなくても死んだような生臭い匂いがします。

海と山では匂いもバラバラですが、微妙な匂いの変化は地殻の変化を察知するのに重要な手がかりです。

６月４日の夜、20時から約３時間、神奈川県の三浦半島から北に向けて20キロ以上の広範囲で異臭が発生し、２００件を超える通報が寄せられました。通報だけでも２００件を超えたのですから、約１０００人以上は異臭を感じたことになります。

警察、消防、海上保安庁、東京ガス等、それぞれの分野で原因を調査した結果は、「原因不明」と結論付けましたが、これはまぎれもなく地殻変動で起こる海からの異臭です。

大きな地震は、本震の前に小さな揺れが頻発し、揺れで岩石が崩壊し、焦げたような臭いが発生する場合と異臭を発生させる場合があります。

１９９５年１月17日に発生した阪神・淡路大震災は、１カ月前から断続的に匂いが確認されています。活断層が動くことから、岩石の崩壊が重なり「異臭波」が風に乗って、南から北上しました。

三浦半島の目の前には相模トラフがあります。もし、相模トラフが大揺れしたら、首都圏を直撃します。相模トラフは４つのプレートが重なり合うエリアです。

1703年の元禄関東地震、1923年の関東大震災は相模トラフが震源です。

大地震前の揺れによる岩石の破壊と臭いはセットです。

今回、異臭を感じた地域の方々は発生エリアの中心に住んでいると自覚をしてください。臭いを嗅いだと思う人、口に出した人、話を聞いた人、このメッセージを読む人、警戒してください。

【2020年7月26日】 次々と噴火が起こっています

中米のグアテマラのパカヤ山が噴火しました。

日本も浅間山や阿蘇山が危ない。いや、今や阿蘇山だけでなく九州全土の休火山は危険だと言えます。

今、次々と火山活動が活発化しています。日本周辺もプレートに歪みが出ています。ユーラシアプレートと北米プレート、2つのプレートに圧力がかかっていて、耐えられない状態になっています。

巨大地震が発生すると必ず噴火が起きると覚悟をしてください。

日本は西から東に風が流れているので、火山の噴火が起きた場合、噴煙、噴石、噴灰から逃げるには火山より西側に逃げてください。

【2021年3月6日】　〇〇〇1年の脅威

1のつく年は自然災害が強く出てきます。過去の出来事も参考にして災害に備えましょう。

南海トラフは東海から沖縄まで続くプレート境界です。今まで過去何度も大地震をくり返してきました。

内閣府によると100年から150年に繰り返し地震が起こると言われ、次は2030年頃と予想されていますが、あくまでも予想ですから、鵜呑みにせず注意をしてください。

〈1361年〉

1361年8月3日南海トラフ沿い、正平・康安地震。

奈良や大阪、熊野で堂塔が倒壊破損。

高知、徳島、大阪で津波観測記録。

東海地震も連動しました。

〈1611年〉
1611年9月27日に会津地震。
2万戸以上の家屋が倒壊、犠牲者3700人。
12月2日に慶長三陸地震。
仙台当主だった伊達政宗は復興に力を入れました。
三陸沖の地震と言われていますが北海道沖での超巨大地震でした。

〈1741年〉
1741年8月23日に北海道渡島大島の寛保岳噴火。
山体崩壊が原因で1741年8月29日早朝に突然、大津波が発生。
北海道や津軽の犠牲者は1000人を超えました。

〈1751年〉
1751年5月21日に宝暦高田地震。

海岸段丘の大規模地盤崩落で犠牲者約２０００人ですが被害が大きくて人数は把握できず。地滑りだけでも４０６人死亡しました。

〈１７７１年〉

１７７１年４月24日、八重山地震。

明和の地震はＭ７・４、大津波は30ｍを超え石垣島は85・４ｍの大津波が襲い、八重山諸島の人口の３分の１に相当する１万人以上の人が犠牲になりました。

また、津波のあとの田畑では農作物が育たず、飢餓と疫病でさらに人口は減少しました。

〈１８９１年〉

１８９１年10月28日に濃尾地震（Ｍ８・０）、観測史上最大の巨大地震。

根尾谷断層などの活断層がずれ、日本人口約４０００万人のうち７２７３人が死亡し、２０１１年の東日本大震災を上回る大被害となりました。

〈１９６１年〉

１９６１年６月24日～７月10日に梅雨前線で死者・行方不明者３５７人。

1961年9月16日には、二度目の室戸台風（第18号）が上陸。暴風と高潮で、犠牲者は202人になりました。（1934年9月21日に一回目の室戸台風が上陸）

〈1991年〉

1991年6月3日、雲仙普賢岳で大規模な火砕流が発生し、43名が犠牲。

1991年6月15日、フィリピンでピナトゥボ山が大噴火。20世紀最大級の噴火で、1745mあった標高が1486mまで低くなりました。

〈2001年〉
2001年1月26日にインド西部地震（M7）2万人を超す犠牲者。
3月24日には芸予地震（M6・7）
9月1日には新宿歌舞伎町の雑居ビルで火災が発生し、44人が犠牲。
9月11日にアメリカ同時多発テロ事件
4機の旅客機がハイジャックされ、ニューヨークのワールドトレードセンターとワシントンのアメリカ国防省・ペンタゴンに激突。アメリカ合衆国史上最悪な事件となりました。
10月7日にはアフガニスタン戦争が勃発しました。

〈２０１１年〉

２０１１年２月22日、ニュージーランドでカンタベリー地震（Ｍ６・１）が発生。ビルの倒壊で多くの日本人語学留学生が犠牲となる。

２０１１年３月９日、三陸沖で地震（Ｍ７・３）が発生。

２０１１年３月11日、東日本大震災（Ｍ９・１）が発生。

福島第一原発では全電源喪失によりメルトダウンが発生し大量の放射能を放出。

超巨大地震と津波で犠牲者約２万千人の死者・行方不明者。

３月12日、長野県北部の地震（Ｍ６・７）
３月15日、静岡県東部の地震（Ｍ６・４）
４月11日、福島県浜通りの地震（Ｍ７・０）

豪雨災害
７月の新潟・福島豪雨では、五十嵐川や阿賀野川などが氾濫。
９月４日には台風12号により紀伊半島大水害が発生。死者・行方不明者98人。

〈2021年〉

最大震度3以上を観測する地震が増加。

2021年2月13日、福島県沖震源23時7分

東北地方を震源とした地震は2011年4月7日以来10年ぶり。

日本国内で震度6強は2019年6月18日以来。

2021年2月26日、青森県東方沖震源

2021年2月27日、福島県沖震源

2021年2月27日、トカラ列島近海震源

2021年3月4日、千葉県東方沖震源

2021年3月3日、北海道東方沖震源

2021年2月21日に栃木県足利市の両崖山で山林火災。

消防活動は消防、自衛隊、地域内外で9日間かかって3月1日鎮火。

2021年2月5日〜26日、東京多摩川河川敷で4回以上も火事。

２０２１年3月5日、ニュージーランド北方のケルマデック諸島沖が震源。

Ｍ８・１の大規模地震が３回以上連続。

ニュージーランドの地震はプレートが変動帯に位置し、活断層も多く、今後も余震の可能性が高い。日本とニュージーランドは地震の相互活動が今後もあるので、最大の注意が必要です。

【2021年3月6日】 警戒地域

最も警戒しなくてはいけない地域。

今の状況、隆起沈降の逆の動きがある伊豆半島、伊豆諸島、駿河湾沿い、富士山周辺で大きな変化が現れています。伊豆半島、伊豆諸島の地層は北や北東に向くのに対して、富士山周辺は南に向く不安定な動きがあります。

千葉県花見川が隆起、反対の東側の富里や大網白里など房総半島中央は沈降しています。

関東大震災の震源地、神奈川県大井は高さが9センチメートル盛り上がりました。

2021年の1日、11日、21日、31日、「1のつく日」は地震回避の祈りを致しましょう。

皆さまのできることを繰り返し行うことが大事です。

【2021年4月24日】地上からの深さ

東京都内の地下では多くの人がセカセカと歩いています。地方の人から見たら、地下鉄に乗る時も、ショッピングモールで素早く商品を購入する時も異常な光景に見えます。

4つの都心線の中から、最も深い場所にある駅名と深さを記しました。

千代田線の国会議事堂前駅、約38メートル

南北線の後楽園駅、37・5メートル

半蔵門線の永田町駅、36メートル
副都心線の東新宿駅、35メートル
大江戸線の六本木駅、42メートル

一番深い場所にある地下鉄は大江戸線の六本木駅ですが、地上に出るまで42メートルを上がるのに何分必要でしょうか？

靴の紐をしっかりと結び、障害物が何も無くても早足で約7分かかります。足の遅い人だと約10分。地震が起きた場合、7分で地上に上がれるのでしょうか。沢山の人をかき分けて自分だけが地上に出ることは難しいでしょう。

日本には52ヶ所の地下鉄があります。
東京だけではなく、名古屋、大阪にもたくさんの地下鉄があります。
地下には楽しいショッピングモールなどがたくさんありますが、どんどん開発してしまっていいのでしょうか。

関東エリアの地震は、数年前から30年以内に起きる確率が上がったと言われていますが、明日地震が起きても不思議ではないのです。

地殻のズレだけでなく、地下からの温度上昇がリスクを加算しています。

関東周辺は、100年以内に地震が起きると言われていましたが、今は10～30年内に震度6以上の地震が起きると言えます。

【2021年6月4日】おどしではない　津波

まもなく2021年6月11日を迎えます。何かが起きると言って脅かしているのではありません。

ただ、

駿河湾が目の前に見える神奈川県、

富士山が目の前に見える静岡県、

阿蘇山が目の前に見える熊本県、

がもっとも危険です。

阿蘇は世界有数の規模を誇る活発なカルデラです。

２０１６年4月に起きた熊本地震と関連して、今も地震活動が活発です。揺れる回数も多く今後も注意が必要です。


神奈川県は駿河湾沖を震源とする地震が多発しています。

相模トラフ沿いの相模湾や駿河湾で地震が起きると、揺れだけでは収まらず津波を引き起こしますので今後も注意してください。関東大震災同様の規模か、もしくはもっと大きくなる可能性があります。

富士山の噴火にも最善の注意が必要です。駿河湾が揺れると富士山にも影響します。

２０２１年から２０３８年の間で、富士山の噴火が起きないように祈りたいものです。

今、いつ、どこで大地震が起きるのかが問題ではなく、最も大事なのは地震が来たら自分がどのように動くのか、どのような対策をしているのか、が問われている時です。

揺れが少ないから安心、地震は私が生きている間はおそらくこないから大丈夫、といった安易な考えは捨ててください。

日本は地震大国ですから油断は禁物です。

いつどこで震度7～8クラス、または9クラスの地震が起きても不思議ではありません。

震度9クラスの地震は600年に1度しか起きないと言われていますが、今、597年目だったとしたらあなたはどうしますか？　万全な対策はできているのでしょうか？

⑥　水不足

【1996年5月24日】　地球が危機

ヌーが死ぬと地球の終わりが近づく。

ヌー、亀、ヘビ、カエルは淡水でも海水でも生きられる。

今後、日本もイナゴや蚊のウイルスで悩まされる。

地球を滅ぼすものは、核兵器、悪性ウイルス、水不足、食糧に苦しみ、生活の場が無くなること。

地球が温暖になり、多くの国が水没する。

【2015年7月19日】水不足原因　0：34

水不足の大きな原因
人口増加
産業発展
水源破壊

2015年の今の人口は73億人ですが、2053年頃の人口は100億人になる予想です。

人口が増えるにつれ、水の使用量は増えていきます。現在の日本人のように、1日300ℓ使用すれば世界の水を枯渇《こかつ》させてしまいます。

農業や産業が発展していきます。しかしその裏で人間の生活レベルも上がってしまいます。生活に必要な水だけではなく、人の食を満たすために大量の家畜を飼って無駄な水を使用します。

産業の発展は、工業排水、生活排水などを流失し、河川や海を汚してしまいます。また、水源が汚染され、大切な水脈を切ってしまいます。

今後は地球の温暖化に伴い、気象変動が起こります。今までのような地域による災害から、県や国単位の大きな災害に変化していきます。大気汚染、水汚染は大きな問題になるでしょう。

【2007年8月7日】水を大切に使う

今からは、ガソリンはなくても生きていけるが、水はないと生きてはいけない。水を大切に最低限で使う練習をすること。

２０２５年もしくは２０３０年から先は、不足して恐いのは石油ではなく水である。外国人が水源を買っていることもこれから先は大きな問題となる。

【2011年2月7日】 聖なる水

世界中の人たちが日本のいたるところで水源の権利を買い始めました。
特に中国の権力者が〝きれいで飲める水〟を求めています。

水源は売ってはいけません。
水は命。命の水を手放すことは日本の魂を売ることにも通じてしまいます。
日本の水は命です。
日本の水は地球の血液です。日本の湧き水を大切にしてください。

【2018年6月6日】 日本も世界も猛暑

1年前に、2017年6月10日の日本の温度差は90度になると予告しました。今までの日本の温度が変わり、冬はマイナス45度、夏はプラス45度。この90度の温度差がこれから先に起きてきます。これを受け止めるか、聞き流すかで日本の未来が変わっていきます。

今年、日本の地図は真っ赤に燃えています。高気圧の関係で38度以上の地域が200ヶ所以上あります。暑さと共に死に至る熱中症の数が異常です。

また、世界でも猛暑が続きます。日本だけでなく、世界的に熱波に襲われて日本以上の高温地域が出てきます。今年の日本は台風の関係から雨が降りますが、世界中では雨の降らない地域が多く、水不足が深刻です。水不足と高湿度で老人や子どもが死ぬ場合があり要注意です。

【2021年3月11日】 水の惑星だった地球

今地球は、「水の惑星」だったと、過去形になってしまうような危機に直面しています。

地球は、表面の3分の2は水で覆われていて約13〜14億立方キロメートルの水があります。

地球上の水は97%の塩分を含む海水で、残りの淡水は氷雪、氷河なので人間が使える水は、わずか0・01%しかありません。

そのほとんどは地下水として地中深くに浸透しており、人間が利用可能な淡水は少ししかありません。しかし、飲み水となる水は急激に減ってしまい、今〝水〟は希少資源と呼ばれるまでになってしまいました。

水は生活に欠かせませんが、生きるための水が希少資源化しているのです。気候変動によって降水量は増減します。気候の変動で地球の温度が上がると、海水面が上昇します。気候変動で気温や降雨量の変動幅が拡大します。

今後は世界各国で水の消費量が増えていきます。その原因の一つは家畜です。美味しいお肉を食べたいがために、広大な畑を作ります。畑の散水に地下水を汲み上げるため、地下水は段々と枯れていきます。日本が世界から集めて飲んでいた水も底をつくようになります。

世界の水資源の総量が増えなければ、確実に減少していきますから、世界の水不足と向き合っていかなければならないのです。

水不足を招いている理由
人口増加
気候変動
家畜用の畑散水
水の惑星「地球」から地下水が消えるということは、身体から血液が抜けていると同じことなのです。

【2021年5月21日】 台湾で干ばつ

台湾は、過去50年で夏が1ヵ月長くなり、冬が1ヵ月短くなりました。

そして、気温も1度以上、上がりました。

台湾は台風や雨による貯水で大部分がまかなわれています。昨年は台風の発生が少なかったため、過去55年間で初めて台風が1個も上陸しませんでした。

今年に入ってもまとまった雨量も無く、今も水不足が続いています。厳格な給水制限が導入され、１００万以上の世帯と企業事業者が対象となって、中部や南部の工場では水の使用量を15％減らした給水制限を開始します。

これからは、週2日の断水を実行すると政府は発表をしました。

また政府は、最低最悪な状況になる恐れがあるため、さまざまな困難をも予想し、備えるべきものを事前に準備しておくことが必要だと警告しています。

50年で夏が1ヵ月長くなり、冬が1ヵ月短くなる、気温も1度以上上昇する現象（気象）は台湾だけの問題ではありません。

これより先、多くの国で水不足は発生します。

【2021年11月25日】　水に恵まれている日本

日本は水に恵まれた温暖な国です。

だから今、水問題が切迫していると言われてもそれほど意識する人はいません。

しかし世界中では干ばつや山火事が広がっており、水不足は国の大きな問題となっているので、水を求めて移動する国が出始めてきています。

〈意識してほしいこと〉
全ての国々で平等に水が飲める
気候変動に打ち勝つ
充分なエネルギー資源がある
陸上生物が衰退しない
水生生物が海や川からも絶滅しない
砂漠化しない
作物が継続した土地で作られる
森林には豊富な水があって木々が生えている
人間は飢餓で苦しまない
食料が平等に与えられる
貧困者を作らない
国と地域で安全が守られている
都市と町に人が集う
経済成長を成し続ける

他にも色々ありますが意識して生きてほしいのです。

【2021年12月1日】 湧き水

日本の湧き水を探してみます。あなたはすぐ飲みに行ける湧き水のある場所を、何ヶ所知っていますか？

飲み水として利用できる場所です。その場所は枯渇していませんか？

今、世界の人口は約78億人。しかし、今から20年後に人口は98億人まで増加します。しかし、地球上で飲み水として利用できる水は、全体の０・０１％です。世界の人口が増えてくると産業にも農業にも工業にも水が必要になります。

工業排水や生活排水で河川も海も汚染され、数少ない地下水も汚染されています。

人が増え、都市化するために森林を伐採して水源地を遮断しました。森林を破壊したことで水田には水がなく、田畑は荒れる一方です。

日本は水の豊かな国です。
しかし水を他国から大量に買っていることをご存知でしょうか？

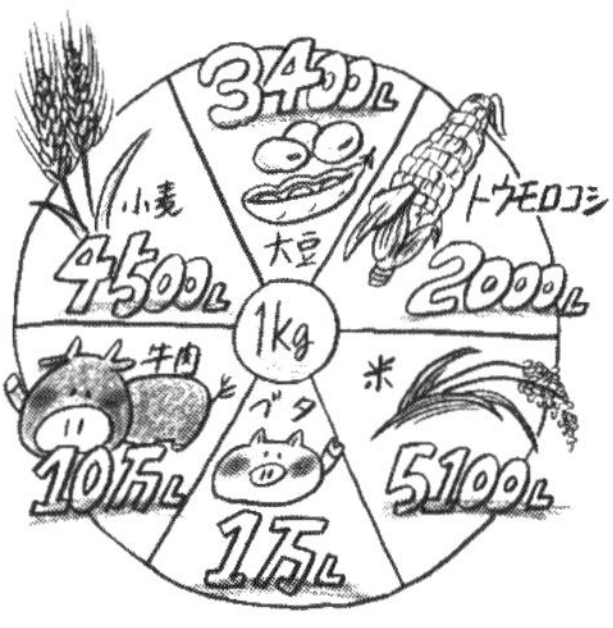

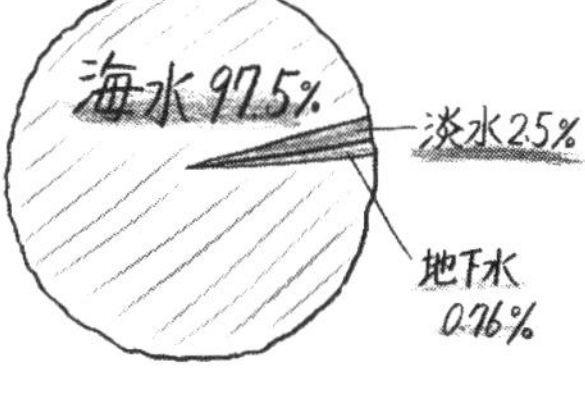

⑦ 宇宙ゴミ

【2016年4月11日】 宇宙のゴミ

立ち止まって見てください。

誰もが自分の行きたい場所に行こうと電車を乗り継いで目的地に向かいます。いつもの電車にいつもの場所から乗る。なんの不思議さも感じないまま乗っています。

電車に乗れば、7人中5人くらいの人が携帯電話を触っています。

携帯電話でライン、メール、音楽、ゲームの電波を送るために宇宙に飛ばした人工衛星からの恩恵を受けています。

地球人が宇宙に飛ばした衛星は落ちてこないと誰もが信じています。本当に人工衛星は落ちてこないのでしょうか？　熱焼して消えるのでしょうか？

宇宙から見ると、人工衛星は人間が宇宙に出したゴミのように感じられます。人工衛星の軌道が少しずれると流れが大きく変わります。

宇宙にある衛星を貴方たちが使う携帯電話から覗いてみましょう。

軍事衛星、攻撃兵器衛星、偵察衛星、通信衛星、放送衛星、科学衛星、天文衛星、惑星周回探査衛星、地球観測衛星、生物衛星、航行衛星など、小さなものまであげればきりがありませんが、衛星の多くは軍事衛星、攻撃兵器衛星、偵察衛星に使われていることを皆さんはご存知でしょうか？

科学の進歩は時として、全てを破壊する道具に発展する場合があります。

何事もなく、昨日と同じ時間帯に同じ場所に行くこと自体が奇跡なのです！

今、日本が、日本人が、何を考え、どう行動するか、大きな分岐点にきています。

３・11の震災もこれから起こる地震も、原子力発電所周辺の震度数が小さくなっていることは誰が、どうして、操作しているのでしょう。操作して小さくする理由は？

そう、原子力発電は安心、安全、大丈夫と思えるように故意に操作しているのです。

昨日と同じ時間に同じ場所に行く。
これは奇跡的なこと。
何かにズレが生じたら、同じ場所に同じ時間には行けない。
地震、噴火、竜巻、水害、火災、人的災害がそこまで忍び寄っている。

【2016年4月12日】 14万4000人平和の祈り

4年目、2019年は14万4000人の星々への祈り（星と星との空間）
星の名前を読み上げる
星と星の空間を祈る

寿命が切れた人工衛星やロケットの残骸が宇宙で彷徨っている。過去においては人間の力となったのに、今は宇宙のゴミと呼ばれている。ロシア、アメリカ、中国の打ち上げた衛星から多大な宇宙ゴミが出ている。誰が落としたゴミなのかと犯人をあげる前に、誰がゴミを拾うのかが大事である。国同士の戦争をする前に、宇宙のゴミを拾えば地球も宇宙も綺麗になる。

今は、人工衛星やロケットを飛ばす時代ではない。拾う、集める、燃やす時代なのだから。宇宙の磁力が少し変わると宇宙ゴミは一斉に走る凶器となる。大気圏に到達し燃え尽きる宇宙ゴミはほんの一握りの量しかない。５センチメートル以上の人工衛星のゴミとロケットの残骸ゴミで宇宙は死の飛行物体となる。

「拾う、集める、燃やす」電気で燃えてしまうのか、問題である。

宇宙ゴミも核兵器も同じ人間が作った物ならば、自分で処理出来なければ進化、発達とは言えない。

ゴミの存在を公にしてみんなで一斉清掃日を決めよう。

でも、掃除をする前に、皆で「話し合いをもとう」。皆で「祈ろう」。14万4000人で一斉に宇宙を見ながら祈ろう。9月12日……苦渋に祈ろう、なんてジョークにもならないわ（笑）。宇宙の危機はそこまで来ている。５センチメートル以上の宇宙ゴミの掃除がこれからの地球に住む我々の大きな問題点である。国家問題である。テーマ〝人工衛星やロケットの残骸が宇宙で彷徨っている！〟

⑧ 食糧危機

【2020年4月26日】 サバクトビバッタ向きを変える

東アフリカから中国に向かっていたサバクトビバッタは、パキスタンまで行って、まもなくイラン高原を飛び越えて中国に入ると思っていましたが、3月26日突然方向を変えました。

3月25日、月読神社、氏神さま、会社、家庭で多くの人達が祈りを集結した結果と認めてもよいと思います。

ですが、笑ってばかりいられません。

サバクトビバッタは2020年初冬よりもさらに繁殖して、今後はエチオピア、ケニアなどの2千万人の食物を食べ尽くすことになります。

本来バッタは単体で行動していましたが、今は生態が大きく変わり集団となって群生化して飛ぶようになりました。

色は変色して緑茶から黄金になっています。体長は６センチメートルからひと回り大きくなって８センチメートルから９センチメートルまで巨大化しています。

本来、バッタの駆除は卵、幼虫の早い段階で数回薬剤を散布しました。今後も大幅な寄付で散布予定でしたが、多くの国がコロナウイルス感染でバッタの駆除に回す予算が無い状態です。

コロナウイルスの影響で物流も困難になり農薬も入ってきません。

予算が無いから強い薬を空中散布することで野生生物が全滅することになります。

今後ケニアでは、これ以上の資金は無理と判断し、駆除を中止していくでしょう。

また、バッタの集団も大きくなり今は４００倍強力になっていますから、１３０兆匹以上まで増え、バッタのなすがままになるでしょう。

ウガンダではコロナウイルスよりもサバクトビバッタが怖いと言い、これから先の食糧危機は生命の危機、生活の危機になり３千万人の食糧危機に陥ります。

中国や日本へのサバクトビバッタの危機は回避しましたが、これから先、非常に深刻な食糧危機になります。

国際協力をして、サバクトビバッタの駆除をすると共に、1日も早く食料の確保をしないと、明日をつなぐ子どもたちの未来は無くなります。

新年から何度も言うように、コロナウイルスよりも世界の食糧危機を引き起こすサバクトビバッタの猛威が恐怖です。

半年後、1年後の食糧危機をどうやって乗り越えていくのか、今真剣に考えないといけない時期に来ています。

【2020年4月29日】 世界の75%

今、世界の75%の人がコロナウイルスの名前を知っています。

天然痘、ペスト、香港風邪、スペイン風邪、エイズ、SARSと名前をあげればきりがありません。感染症は大気、水、動物、土壌などあらゆるものから感染してきました。

でも如何なる危機をも乗り越えて来たから今があるのです。

今、コロナウイルスという感染症の縁から国民が同時に立ち止まる時に来ました。

大きな危機と共にサバクトビバッタの大繁殖からはじまり、世界各地で虫が異常発生しています。

地球規模の食糧危機です。独り占めしてひたすら美味しい物を食べる時代はおわりました。


世界の75％の人が立ち止まり、考える時が来ました。


今立ち止まって、半年後、１年後、３年後、５年後、10年後を考えましょう。

今、１番大事なことは３年後の２０２３年に何を残すかです。

【2020年7月15日】　始まった食料危機

新型コロナウイルスで世界が変わり始めて半年が経過しました。世界各国でコロナウイルスの感染が起きています。

国々に自由に移動できなくなり、経済が落ち込み、食糧難は、すぐそこまで来ています。

サバクトビバッタと世界的な水害から食料の物流が困難になってきます。米、小麦、食料油、野菜、果物が不足してきます。

新型コロナウイルス、そしてインド、バングラデシュ、中国などの水害は尋常ではありません。混乱が続けば食料品の輸入は困難になります。既に輸出制限措置をとっている国もあるので、今後、日本国民は自分達が食べる食料を確保しなくてはなりません。

【2021年11月20日】 2022年が大事です

西暦2021年は日本暦2681年　六白金星　辛丑《かのと》
西暦2022年は日本暦2682年　五黄土星　壬寅《みずのえ》
西暦2030年は日本暦2690年　六白金星　庚戌《かのえ》
西暦2040年は日本暦2700年　五黄土星　庚申《かのえ》
五黄土星や六白金星の年は災害が多くなります。気を付けてください。

西暦と日本暦を入れた理由

世界で1番長い歴史を持つ国が日本です。道徳と礼儀を重んじる国と言えますし、暴動を起こさず、食べ物の奪い合いをしない民族として尊重されています。

日本は4つのプレートで地震と向かい合っていますが、国民は穏やかに暮らしています。しかし、日本人は、主食の米や野菜を作る人が少なく、世界の食料を食べつくしています。水も世界で5本の指に入るほど輸入に頼っています。

食糧危機の今、日本人の食べ方、食品の食べ残しを真剣に考えなくてはいけない時ではないでしょうか。

⑨ 黄砂

【2021年4月30日】 現状を考える（一部抜粋）

〈森林〉

4月10日のメッセージで森林率が50％を切った県が増えていると伝えました。

森林が50％を切った場所（県）には地下鉄が走っています。なぜか比例しています。

都市化の発展を望めば望むほど、森林率が少なくなっています。

〈黄砂〉

ここ数年、黄砂がたくさん日本に飛んできています。家の中も砂でザラザラしていることがわかると思います。

黄砂が増えた原因は羊の放牧です。羊は草を食べきると足の爪で根を掘り起こして食べてしまいます。羊の飼育は良質のカシミヤを作るためです。それは人間がカシミヤを欲しがることが原因です。良質なカシミヤを人が過剰に欲しがるからです。だから黄砂の問題も人害になるのです。

【2021年11月8日】　黄砂

今から最も危険なものの１つに黄砂があります。

杉やヒノキの花粉症で苦しんでいる人がいますが、これからはもっと過酷で生きにくい時代がやってきます。


黄砂は単に洗濯物や車を汚すものと考えている人は、頭を大きく切り替えてください。

これから黄砂は、日本人を苦しめる大きな問題になると言っても過言ではありません。

花粉症は鼻水や目の痒みで辛いと思いますが、花粉症で喘息や咳は起きません。

しかし黄砂は喘息や咳だけでなく、肺を痛めて死に向かうのです。

黄砂自体がアレルギー症状を引き起こす厄介な魔物と言えます。黄砂は季節風に乗って日本に飛んできます。現在量は年間５００トンから５５０トンです。その量の約半分が落下しています。

主な成分は石英などの鉱物と言うことはご存知だと思いますが、問題は鉱物ではなく、大気中のＰＭ２・５や排気ガス、細菌、カビなどが付着して飛んできています。

黄砂は花粉症を引き起こす花粉よりも小さいため、肺まで届くから厄介であり危険です。

黄砂は中国から飛んできますから、もちろん中国も大規模な環境問題として取り組んでいます。しかし今後は処理も処置もできない状態になります。

日本に黄砂をもたらすのはタクラマカン砂漠だけでなく、今後は黄土高原や内モンゴル、ウイグル自治区と広範囲の黄砂が飛んでくるようになります。

では、耕地に木を植え、放牧をやめて植林して、黄砂が飛ばないようにしましょうと簡単に考える人がいます。

しかし、今後5年～10年で水不足になります。人間が飲む水がなくなり、家畜に水を与えられない時代がくるのに植林して水を与え続けられるのでしょうか？

答えは誰でも簡単に分かるはずです。

黄砂は人為的な環境破壊がもたらした大きな問題であり、２０４０年には日本の人口の

3分の2は黄砂で苦しみます。

特に関東から東北、北海道は風向きにより住めなくなる状況に陥ります。

【2021年11月24日】 黄砂は半年間続く

黄砂が吹く時期は一般的に2月、3月、4月と言われています。

しかし今後は、森林破壊、土壌破壊が進むので土地自体が砂漠化してくると言われています。

黄砂の時期は今の2月から4月までの3ヶ月間ではなく、5ヶ月間から半年は黄砂が飛んで来ると思って対策を取るべきでしょう。

【2021年12月17日】 森林と風

恐竜が絶滅する前の地球には1000万種を超える生き物が生存していました。

地球の進化途中で恐竜が絶滅しました。

その後、年月が流れ、人間は画期的に活動範囲を広げて動けるようになりました。

しかし人間が画期的に動くようになったことで、絶滅する生き物が増えました。

約1万2000年前は、1000年に1種類しか絶滅しなかった生き物が、50年前からは5万種の生き物が絶滅しました。

人間は、生き物の生活の場所であり、住処《すみか》である森林を奪ってしまいました。

人間は森林を伐採して、山の開発をしたことから、今後は大きな代償を払わなくてはいけない時にきました。

里山は放置され、手入れをされない状態なので木が泣いています。

農業や工場から出る化学物質、家庭から出る生活排水で川や海が汚れてしまいました。


今、10分に1種類の生き物が絶えています。


赤道を中心に西から東へ吹く偏西風の風の流れが海流とともに変わっています。

地球は北極、南極に近づくほど寒く、赤道に近いほど温くなる仕組みになっています。

しかし今後は今より海水が高温になることにより、風向きが変わってきますから黄砂の流れる向きが広範囲に広がっていきます。

⑩ 森林火災

【2021年7月16日】 ドイツやベルギー

今、ドイツやベルギーなどの広範囲の地域で大規模な洪水が起こっています。記録的な豪雨です。

川が氾濫し、堤防が決壊し、村や町が水害に飲み込まれています。どの地域も最終的な犠牲者の数は把握できていません。いいえ、簡単に把握できるような、小規模な災害というのはありません。

大洪水の原因は気象変動による気温上昇です。地球の平均気温よりも既に1・2度も上昇。温室効果ガスの上昇を止めたとしても、このまま平均気温は上昇し続けるでしょう。

気候変動によって地球の気温が上昇すると大気へ蒸発する水分量が増えます。大気中の水分量が増えると降雨の勢いが激化します。

一時的に1カ所に降る雨は想像を絶し、洪水や土砂崩れを引き起こす豪雨が頻発するようになります。

気候変動によって夏季の豪雨と熱波はいっそう激しくなります。

前にも申し上げたように45度という熱波は、人間が生きていく上で最も厳しい状況になります。

北半球の地域でも記録的な熱波による森林火災で苦しんでいます。このままいくと45度～55度の熱波は常時起こることになるので、人間も動物もそこで生きていくことができません。

カナダでは3日連続で最高気温49・5度を記録しました。高温が続くと突然死で亡くなります。山や林は突然火が出て、山から村を一気に焼いてしまいます。

5年ごとに温度は急激に変化しています。今から5年後の2026年、10年後の2031年の未来を考えなくてはいけません。

単に排出量の削減だけの問題なのか、根本的な考えを切り替えない限り、人や動物が生きることができない地球になってしまいます。

【2021年8月13日】　火と水

今地球では、恐ろしいほど火と水の浄化が行われていると言っても過言ではないでしょう。

日本では雨が降り続き、この雨は7日〜10日間、また10日〜14日間と雨が降り続きます。野菜は長雨と高温で溶けていきます。


反対に火の浄化が起こっている場所もたくさんあります。カルフォルニア州の山火事は最悪で、毎日懸命な消火活動が行われていますが、消化できないくらい毎日燃え続けています。わかりやすく言うと、神奈川県の広さが毎日火災で消えていくような状況です。


北アフリカのアルジェリアの森林火災は、住民への避難命令が出ていますが、過去数年間で体験したことのない広範囲で今後も続いていきます。

トルコのムーラ県の山火事は同時に１００カ所も燃えていました。

過去２〜３年では、米サンフランシスコやオレゴン州、ワシントン州で山火事があり、韓国北部の山火事も気象変動で干ばつが深刻化しています。

気温の上昇が相まって大規模な火災が発生しています。


熱波による災害が相次ぎ発生します。

熱波による同時火災は食い止めようとしても消化活動が大変厳しく、たとえ人間が不眠不休で消化活動したとしても非常に難しい。

今夏、気温が40度を超える日々が相次ぎ、ギリシャ北部では47・1度を記録しました。

カナダでは、過去の最高記録を4・6度も上回り、49・6度を記録しました。

気温の上昇は必ず大規模な森林火災を引き起こします。


50年に1度気温上昇しても危ない状況なのですが、このままいけば30年に0・7~0・8度の温度が上昇すると予想できます。

地球の住人たちはマイナス45度~プラス45度の過酷な温度差の中で生きていかなくてはならないのです。

⑪ ウイルス

【1996年4月14日】 薬で身体が壊れる

人間にとって大切な薬があります。でも、反対に薬が人間の細胞を壊しています。薬に頼ることにより自然治癒力が弱っていきます。

しかし、薬で殺せない、薬では死なない病原菌がたくさんできてきました。人間の病原菌と薬はイタチごっこ。20年以内に死なないウイルスができます。今は森林の中に隠れていますが温度が上がると爆発的な繁殖をみせます。

【1997年7月9日】 悪想念が作るウイルス

21世紀の戦争は核兵器や武力でもない。

人々の悪想念が生み出し、独りよがりの自分の利益によって作り出した化学の悪性ウイルスや薬害です。

21世紀の戦争は人間の悪想念が生み出した人工物。

悪想念は現実に生身の身体も切り、病も起こす。

物質には限界があるが想念に限界はなく、想像やイメージにも限界がない。

【1998年1月18日】 100年間の過去からの結果

人が望もうと望むまいと真理は動きます。

世界100万の種子の中で13人だけが今後起こるであろう未来を知っています。科学者、医者、代議員、研究者、会社員、無職、主婦……、職業も男女も関係なく未来をキャッチしています。

この13人は会うことも互いに意見を交換することもありません。ただ、地球上で今後起こりうる未来を先見しています。

ですが、ビクビクする必要はありません。先見が全てではないからです。

全人類の心がけ次第で、何事も、何度も変化していくからです。

地球は、１９９８年～２０２８年で大きく変化します。地球の変動、移動期と言えます。

地球の30年が３億年の動き方をします。

突然襲う気候変化や経済低迷やウイルス感染……、これまでの人間が犯して来た数々の結果が表面化してきます。

これまでの行いを逆から見る時が来たのです。そう、水精（水晶）を通して見るかのように……１００年間の過去の結果を誰もが見なくてはいけません。

【1998年5月15日】　2000年4月からの20年間

２０００年４月からの20年間で、今は想像できないような事態が次々と起こります。日本の経済は危機に陥り、経済の安泰は望めません。

株やアメリカ経済の落ち込みが日本経済にも世界にも大きな痛手となります。

新組織のアメリカは２年間で立て直しをはかりますが、日本は３～５年間は立て直しができず、２０２０年以降も引きずる可能性があります。

政治の世界は国会議員の不祥事が次から次へと暴露されます。国の各省の賄賂、汚職、知って知らぬ振りの経費の差し変え、国民の大切な金をも見逃し、書類すら書き換える各省。そして、責任も取らず多額の退職金を手にして去って行く心無い役職者もいます。

総理が何度変わっても日本国を立て直すことはできず、大臣の首を差し替えても好転しません。だから、むやみに人の入れ替えをせず、10年間じっくりと時を待つしか手立てはありません。

日本の経済は他国との輸入、輸出で成り立っていますが、他国が冷えた後は、動けば動くほど日本経済は冷凍化されてしまいます。

建設業も大手が軒並み倒産します。今からマンションを建築しても入る人がいません。倒産を防ぐために土地売買をしても、建築しても、土地価格も上がらないし、住居者も増えません。２０１２年まで経済も建築業界も上昇しません。

無防備な食品管理も問題になります。ウソで固めた消費期限や食品添加物、人の口には毒を塗った食品が並べられています。

せめて毎日口にする野菜は身近で作ってはどうでしょう。庭のプランターで自分が作る野菜には毒のある肥料や農薬は使いませんね。

天災、人災が多発します。皆さんが想像する以上に起きるので注意が必要です。

学校も定員割れして休校、廃校します。

少子化と高齢化で道路も空いてしまいます。今から２０１２年以降の道路見直しが必要です。

悪性ウイルスの抗体研究が大切です。

メディアの情報も時に間違いを報道します。報道の定義が狂ってしまい、過熱報道から人を傷つけてしまいます。情報内容を自分で見極めましょう。


この10年はパンドラの箱現象です。

開けてはいけない箱をたくさんの人が開けようと動いています。自分だけの小さな望みは価値がありません。地球は１人の手で動くものではありません。

【2003年3月15日】 人類は滅びない。ただ……

これより先、3のつく年から5の年に向けて、地球は何度も変化します。

しかし、人類は絶滅しません。なぜなら、1988年から生まれる子ども達は、幾度もの生まれ変わりで生き延びる方法を体得して産まれて来たからです。また、魂の力も強く飢餓も貧困も気温変化も過去に何度も体験して学んでいます。

対応ができにくいのは1908年から1986年までに生まれた人たち。

1908年から2008年の間、100年間に起こした革命、戦争、核兵器、フロンガス、電気、電磁エネルギー、業想念などの後始末をしなくてはいけません。

100年間の後始末が、これから迎える2008年から2033年の間に大きく影響します。

2013年、2015年~2033年、2035年

意識変革。ロシアとアメリカの第三次戦争か北朝鮮に対する中国との亀裂から中国とア

メリカ。アメリカに対し北朝鮮の報復。
自然変化（高温と大雪の変化・雲密度変化）。水戦争（水源の売買）。温暖での気温上昇33〜55度。人工ウイルス菌の蔓延。
２０５３年、２０５５年〜２０６３年、２０６５年
氷河期到来。

【２００８年11月１日】秋でもないのにトンボが集団で飛ぶ年は……


秋でもないのにトンボが群集して飛ぶ年は注意が必要です。

蚊が繁殖します。ウイルス菌を持っている蚊がいます。

台風が多発します。雨、風が強く川は氾濫します。

風と風邪に注意が必要です。風は雨、雷、竜巻、突風を呼びます。

来年は風が運んで来るもので被害が出ます。風が運んで来るものとして火事、ウイルス菌、鳥、トンボ、暴雨、台風があります。

山間部で火事が多発します。風は火種を強くし、山火事は多くの自然形態を壊してしま

います。火が出たら、すばやく消火活動をして二次災害を防ぎましょう。

来年は火を一方向から消すのではなく、四方から包み込むような消火活動をしなければ火が踊り火が跳ねます。火事の現場では風向きに細心の注意が必要です。


ウイルスは、空気中の咳やクシャミが飛ばす麻疹、風疹、水ぼうそう、オタフク風邪など子どもたちの病気に注意をしましょう。早期発見、早期治療で子どもをウイルスから守りましょう。来年の病気は高熱を伴います。高熱から髄膜炎や脳障害や死に至らないように細心の注意が必要です。

また、重症急性呼吸器症候群や飛沫核感染で風疹ウイルス、鳥ウイルス、インフルエンザ、ジフテリア、肺結核、発疹熱、麻疹、風疹、細菌性肺炎に気をつけましょう。


予防は200ccのぬるま湯に2gの岩塩を溶いてうがいをします。

トンボ、バッタ、蚊が繁殖します。ウイルス、菌を持っているトンボやバッタや蚊がいます。台風の後にトンボが増えた時は注意が必要です。

新種ウイルスが生まれ、世界に広がります。たくさんの方が死を迎えます。

新種ウイルスの……。

【２００９年３月11日】　新型インフルエンザウイルスが繁殖

新ウイルスが誕生しました。この新型インフルエンザは、世界に飛んでいって多くの人の恐怖心を起こします。

昨年は水の災害、今年は風が病原菌や火を運びます。

風は貿易風や季節風のように赤道を中心に右巻きと左巻きがあり、貿易風が鳥インフルエンザの鳥型なら、今から大流行するインフルエンザは貿易風のように地上動物型。ジリジリと大地を這いながら拡がっていきます。

新型インフルエンザは湿気を好み、温かくてジメジメとした温度と湿気が好物。予防策として部屋の換気を心がけ、空気の入れ替えが必要です。

25度の温度はウイルスの繁殖につながり、感染した場合は室温20度までと、低温で押さえます。湿気のない低温で身体を守り、新薬よりも湿度を優先して予防します。

新型インフルエンザは人から人へと感染します。

塩うがいが効果を現します。新型インフルエンザは塩を嫌います。

新型インフルエンザにはタミフル剤が効きますが、その後、タミフル剤で効かない新型が生まれます。要注意!!

【2009年4月21日】 新型インフルエンザ②

インフルエンザは冬が定番ですが、新型インフルエンザは高温を好むため、夏に流行します。ワクチンは全国民に普及することはないので戸惑います。

新型インフルエンザは秋（10～11月）に一時低下するように見えますが、12月前半から再び流行します。

昨年、来年はインフルエンザが流行するので予防接種をして下さいと申し上げました。今後は、予防接種、ワクチン投与で身体を守りましょう。

２０１２年には人工で作ったタミフル剤では効かない新型ウイルスが、ソ連やカンボジア、アジア圏で生まれるため注意が必要です。

【2019年1月28日】 インフルエンザワクチン

インフルエンザワクチン接種によりウイルスを大気中に拡散することが原因で、インフルエンザに罹る確率は6倍から7倍になっています。
インフルエンザワクチン接種を打ち出してから、学校関係者、医療関係者、官民あげて大々的に予防接種を受けるようになったので爆発的な人数になっています。

本来の元気な身体をインフルエンザワクチン接種を受けることで身体を弱らせ、インフルエンザ菌を拡散する動きこそが最大の陰謀です。

ポリオ、ワクチン接種という言葉に惑わされないようにして接種を止めたなら、大量に感染することはありません。

インフルエンザワクチン接種をしないで、30分に1回、1口だけ水を飲む。
外から家に入る前に、服を叩く。
そのまま手を洗いに行き、口と手をゆすぐだけでインフルエンザや風邪の予防になります。

体内に居るドクターやナースを信じてこそ元気な身体が生まれます！

【2020年1月23日】新型肺炎

18年前、中国南部で重症急性呼吸器症候群（SARS）が発症しました。SARSは8ヶ月後にほぼ終息しましたが、32ヶ国に広がり、およそ800人の死者を出しました。

昨年末、中国武漢市で新型ウイルス、コロナウイルス患者が出ました。

このコロナウイルスの感染力は強く、感染者は報告されている数の数倍多く、今後も急激に数を増やしていきます。

その原因の1つとして、1月24日から始まる春節（旧正月）で中国からたくさんの旅行者が日本に入って来ます。

旅行者の中には熱も平熱、咳もしていないと安心して旅行を続けている、その人たちの中にもコロナウイルスに感染した人がいます。

2017年にサウジアラビアで発症したMERSも、中国で発症したSARSも、どちらもワクチンは見つかっていません。

そして、SARSにもMERSにも今回の新型コロナウイルスにも医学的治療法は未だありません。今は、対策だけです。

【2020年1月23日】コロナウイルス

新型ウイルス、コロナウイルス患者を治療するために、中国武漢市は2つの病院を建築すると発表しました。

感染者の治療に特化した病院を建築し、医療に取り組むことになりましたが……、武漢周辺では病院に入りきれないほど患者がいます。

ニュースで流れる医療関係者の防護服を見ても、国外への団体旅行を禁止した中国政府の対応を見ても、コロナウイルスの脅威がわかると思います。

もちろん、冷静な対応が必要です。

しかし日本人は井の中の蛙、あまりコロナウイルスの脅威を感じていないことに怖さを感じます。

【2020年1月26日】　コロナウイルスを語る

箇条書きにします。順番は関係ありません。

突然変異したコロナウイルスの対策は難しい。

上気道（鼻と喉）にウイルスが溜まるので、30分に1度の水を飲むこととうがいが大事。

熱や咳が出ない軽症感染者がいる。

水洗いでなく石鹸を使って手を洗い、流し水は30秒かけてすすぐ。

腸が弱いと症状が長引く。

発酵食品を食べなさい。

ミネラル豊富な水を飲みなさい。

塩分を少しとりなさい。

今まで伝えてきた野草茶を飲みなさい。

睡眠時間を長めにとりなさい。

体温検査で初期のウイルス陽性は出ない。潜伏期でも感染する。もうすでに、世界にウイルスが広がってしまった。私たちがメッセージを出した1月16日でも、既に遅かった。

コロナウイルスはMERS（マーズ）、SARS（サーズ）より怖い。

観光地など人の多い場所に目的なく行かないこと。

抵抗力の無い人、内臓疾患（臓器の病気）の人には怖いウイルス。内臓疾患患者は命を落とす確率が高い。

まるで無差別殺人のような病原菌。人工テロのようなもの。

子どもたちを安全な地域に疎開させなくてはいけなくなるかも……。

日本人は発酵食品を食べることで感染を最小限に防げる。

重症感染症よりも軽症感染者が多い。重症感染症が10なら軽症感染者が50〜70。

軽症感染者が歩いて菌を拡散している。「歩く病原菌」である。

うがい薬（市販の薬）とマスクをすぐ買いなさい。お湯のうがいは数回しなさい。市販のうがい薬は1日3回まで、回数が多いと粘膜を痛めます。

日本で販売しているマスクは中国産が多いですが、日本で販売している中国産のマスクは大丈夫です。

早くマスクを買いなさい。中国でマスクを生産しなくなれば輸入は止まります。

マスクをしてもコロナウイルスの防御率は30〜35％です。マスクの使用方法が悪いからです。

マスクは頻繁に変えて使い捨てにしてください。

マスクの付け方、外し方に問題があります。

マスクは耳の後ろ部分を指1本で外します。小袋に入れ、袋を結んでから捨てます。

コロナウイルスはSARSの5倍〜10倍の感染力です。中国から感染者が他国に出れば一気に世界に広がります。

1人感染で（潜伏期で）20人に感染する。はしかと同じ強さをもっています。

コロナウイルスのこと、中国政府の発表には疑いを持ちなさい。今の発表より10倍の患者がいると思いなさい。

中国で作っている自動車やコンピュータ、中国で製造しているものが止まってしまう、日本も痛手を受ける。

中国人観光客が入ってこないことで日本の観光業界は大きな痛手を受ける。

武漢市に渡航歴がなくて感染者が出た場合、日本全国にコロナウイルス感染者がいると考えなさい。

中国政府はコロナウイルスの繁殖力を知っていたからすぐ対応した（武漢を隔離、国外旅行禁止、団体旅行の払戻しを政府が払う）。

中国人を入国拒否すれば日本経済にも影響する。

今となっては中国の問題ではない、世界で対策法や治療薬を考えなくてはいけない。コロナウイルスが発症した中国を攻めると争いの元になります。戦争や争い、戦いにならないように注意が必要です。

世界保健機構（WHO）がコロナウイルスの緊急事態宣言が出せない本当の理由は中国との因果関係にあります。中国はWHOに莫大な出資金を出していますから、うかつな表現ができないのですが、私欲にとらわれているとウイルスは世界に蔓延します。

【2020年1月29日】 コロナウイルス、ラッサ熱、インフルエンザ

たくさんの人が亡くなり、たくさんの人が病でバタバタと倒れていく姿が見えます。

中国武漢ではコロナウイルス、アフリカの中西部、ナイジェリアではラッサ熱が流行しています。

小さな地球で何かが崩れようとしています。

ラッサ熱はナイジェリアの風土病でエボラ出血熱やマールブルグ病と同じウイルス性出血熱です。

コロナウイルスとラッサ熱、二重に出たウイルス性感染症。

そして近年はインフルエンザ患者の死者数が多い。なぜここまでインフルエンザ患者が多いのか？

ウイルス兵器……。人工地震、人工災害、人工ウイルス、答えの出せない暗闇のようです。

【2020年1月31日】コロナウイルスと身体

コロナウイルスが身体に入って命に関わるほど危険なのは内臓疾患患者です。

このコロナウイルスは身体の細胞の奥深い部分まで入り込むため、細心の注意が必要です。また、熱が高く、咳や痰が出て重症と思われる人よりも、咳も出ない、熱も無い「陽性」患者が要注意です。完治したと思って退院しても体内に菌は残ります。

頭部、目、鼻、喉、肺、肝臓、腎臓、腸に残ります。

体内の一部に漢字の肉づき部首が入っている肺、肝臓、腎臓、腸にウイルスが残らないように注意してください。

【２０２０年２月１日】　人工ウイルス

中国からコロナウイルスが世界に広がっています。
アメリカからインフルエンザが世界に広がっています。
本当の死者の数、ご存知ですか？
人工ウイルスに気を付けてください。

２０２０年最初のメッセージを覚えていますか？
【２０２０年１月２日地球で生き延びる】でした。
動物、草木、人間の中で、災害でも生き延びる順番をお教えします。
災害にもろい順番をお教えします。
地球で生き延びる順番をお教えてします。

２０２０年の年が開け、最初に送るメッセージは、地球で生き延びる順番です。この、
メッセージの意味することを考えてください。

コロナウイルスもインフルエンザも人口ウイルスなので歯止めがかからない。人工なのでテロと同じく無差別です。

【2020年3月17日】中国と5Gとコロナウイルス

中国は月に数回携帯電話の新作を発表していました。しかし新型コロナウイルスの保菌者が増え、新製品の情報発信を全て中止させる事態になりました。

またスペイン・バルセロナ開催の5G展示が大規模発表予定でした。日本も春商戦での5Gサービス開始でしたが苦しい状況が続いています。

携帯電話の値引きや制限で、ドコモやKDDIは早期の販売回復は見込めず厳しい状況になります。

「5Gを制する国が世界を制する」と言われていますが、5G商品サービスを開始した国は中国、アメリカ、韓国、イギリス、イタリア、モナコ、ドイツ、イラン、スペインなど19～21カ国に増えています。

５Gとコロナウイルスと AIとの関係を考えましょう。

５Gの「高速大容量」「多数端末接続」「高機能カメラ」本当に必要でしょうか？

５Gで人間の脳や身体リスクをどのように考えるのでしょうか？

５Gとコロナウイルス、併せてサバクトビバッタの１２５ヘルツが関係しているとすればば？

５Gが出す不思議な周波数とは何か？

【２０２０年４月28日】適用される薬

今、コロナウイルスではＰＣＲ検査がすすめられています。

ＰＣＲ検査は遺伝子の検査に使用される一つの方法でもありますが、ＰＣＲ検査は偽陰性率が高い。

詳しく言うと、新型コロナウイルスに感染しているにもかかわらず陰性になってしまう確率が高いということです。またＰＣＲ検査で陰性と言われていたのに後日陽性になってしまう確率も高い。

ＰＣＲ検査は鼻やノドに綿棒を使って粘膜から検体を採取します。先にも書いたように偽陰性率が高いこととは別の問題点があります。

綿棒で鼻やノドをいじるので咳やくしゃみが出やすくなります。感染者がいた場合、陽性ウイルスが飛沫して医師や看護師や医療従事者に感染してしまいます。

唾液なら自分でプラスチック製の筒に入れるだけなので医療関係者に負担をかけないのがメリットです。

私たちは唾液のことを書きました。
【2017年7月21日　染色体と唾と膣分泌液】
【2018年1月16日　唾液を調べる】
【2018年7月29日　唾液を出す体操】

本文の中では「唾と膣分泌液を研究すればいかなる病気にも適用される薬が発明できます。膣分泌液、血漿の研究が進むほど人間の身体のナゾが解けます」と書いているように、唾液検査が早く異常を見つけ出すことができます。

口の中で新型コロナウイルスが増えることで味覚や嗅覚に異常が出るのです。

【2020年5月28日】　コロナウイルスの終焉

日本にばらまかれた新型コロナウイルスの終焉はいつ迎えるのでしょうか？

新型コロナウイルスは「生物化学兵器」です。アメリカのＣＩＡが撒いています。

中国の武漢で棲息《せいそく》するコウモリからコロナウイルスの遺伝子情報は出ていますが、99％一致しないと一致したとはいえません。

新型コロナウイルスには「4つのアミノ酸残基」が含まれています。この4つのアミノ酸残基は自然界で偶然できるとは考えられません。

コロナウイルスはヒトの細胞に感染すると自己複製のために必要なたんぱく質を合成して……。ここから話を進めていくと論文的分量になってしまうので3行でまとめます。

★コロナウイルスはアミノ酸配列の特異性を利用した人工的ウイルス。
★感染時期の気候や温度は関係ありません。
★飛沫感染、接触感染、空気感染に注意していますが、１番恐いのは空からばらまく散布。

日本人は実験台です。なぜ日本人は感染しないのか？　ＳＡＲＳ、ＭＡＲＳにも新型コロナウイルスにも新型インフルエンザにも感染者が少ないのはなぜか？　コロナウイルスは絶えず変化していきます。

【2020年12月17日】　コロナウイルス戦争

2020年1月、コロナウイルス戦争が始まりました。

戦争を吹っ掛けられたのは中国で、戦争を吹っ掛けたのはアメリカです。

最初に爆破されたのは中国武漢です。恐ろしいほど広がる見えない炎の前に立ちすくむ中国人。すぐ消火活動に取りかかりました。防護服での消火活動でした。見えない炎は、第二次世界大戦や湾岸戦争とはまったく違うウイルス戦争です。


ウイルス戦争はイタリアやイギリス、ドイツ、世界各国に飛び火しました。自国のアメリカでも多くの人が感染し、終息の気配はまったくありません。

第二次世界大戦で日本に飛んできたB29の機体はオスプレイになり、ミサイルはウイルス菌に替わって投下されました。

包帯はワクチンに替わり、止血剤は液体マイクロチップに替わり、体内に入って一定の熱に定まった時、液体マイクロチップが固まります。

人類が、どこで、何をしているのか、全て把握されるようになります。

感染者が少ない国や地域で血を流さないウイルス戦争は、人に恐怖を与えていません。

目に見えない物には恐怖感がないので、今日も人は外を歩き回ります。

戦闘機が低空飛行して飛び回れば少しは恐怖を感じますが、何も見えなければ恐怖を感じない。

コロナウイルス感染はウイルス戦争ですから最新の注意が必要です。

【2021年4月3日】 5ヶ月後にわかるワクチンの怖さ

今から5ヶ月後の日本はオリンピックもパラリンピックも終えて、予想外に増えるコロナワクチン接種者からの副反応患者が体験を話すようになります。今まで黙って耐えていた人々も不安を吐き出すように話し始めます。

1回目と2回目のワクチンの量は多いです。今の量の半分でも良かったはずなのに、最初に発表したグループの判断ミスで〝効かなかったら困る〟〝効果が出なかったら困る〟

という曖昧さから量を増やしてしまいました。しかし、ワクチンの量を多くしたから効果が出る、よく効くというものではありません。

量で効果が出ないなら回数が問題だと言い出し、1回目のワクチンで効果が出ると言っては接種させ、3週間置いて2回目を接種すると効果は倍増すると言い出す。次は3回目の接種を2ヶ月後にするべきだと言い、最終的には2ヶ月に1回接種をすると、なおさら効果的だと言うようになります。

ワクチンは薬ではなくコロナに感染しないための補助剤だという視点で考えていくようになっていきますが、その時は既に多くの人が2度目の接種を受けているのですからお粗末な話です。

日本にはどんなウイルスにも負けない発酵食品がありますから、ワクチンに頼らず自力で免疫力を上げ、日本産のワクチンを待つべきです。

私たちはワクチンを否定するのではなく、他国の大量生産型の無検査で人体実験のように打つワクチンが怖いと言っているのです。

【2021年4月22日】 ワクチンに負けない

インフルエンザワクチンは毒素を抜いた（無くした）病原体の一部が入っている不活化ワクチンです。

コロナワクチンはウイルスの遺伝子情報を身体に打込みます。遺伝子ワクチンを人間に打つのは今回が初めての試みなので、長期的にどんな影響が出るのか、副作用や症状がどのように出るのかまったくわかっていません。

また、本当に治療に効果的なのかもわかっていないのが現状です。

欧米や南アフリカやインドと違って、感染率、死亡率が高くない日本でワクチンを早急に打つメリットはどこにあるのでしょうか。

ワクチン接種後に亡くなった人、接種後に副反応が出ている人の数を日本は公にしていません。日本人は欧米より何十倍も副反応が出ています。それは体質が違うからです。

ワクチン接種後に脳出血、急性心不全などの血管性の疾患が多いことはご存知ですか。

ワクチンの副反応は男性よりも女性が多いことはご存知ですか。

男性3に対して女性7の割合で圧倒的に女性に症状が出ています。

その原因は女性ホルモンです。女性ホルモンは免疫反応が強く出ます。接種で自分の身体を過剰攻撃するのです。

血管の柔軟性を保ち、しなやかな血管にするためにも抗酸化物質が必要です。

ビタミンCだけでなく、抗酸化物質を多く含んでいるビタミンEのアボカド、パプリカ、ナッツ類を特に食べてください。また蜂蜜を食べてください。

蜂蜜で効果があるのは本物の蜂蜜だけです。「純粋」と「非加熱」と書かれているものだけ食べます。蜂蜜は、様々な酵素や有機酸、ビタミン等を含んでいますが、50度ほどで失活（効果を失う）する成分も有るため、非加熱のものを選んでください。

ワクチンを接種した人も、接種前の人も本物の蜂蜜を食べてください。

蜂蜜は夕食が終わったあと、寝る1時間前までに食べます。食べる量は大さじスプーンに1杯です。

ワクチンを接種する前から食べ始めてください。またコロナに負けない身体づくりのためにも抗酸化物質を食べてください。

村中　左に載せている文章はメシアメジャーのメッセージではありません。専門機関に相談して教えていただいた内容を記載しました。

【ホルモン剤の副作用】

血栓症

月経困難症等に対するピル、更年期障害のホルモン補充療法等でのホルモン剤の使用は、血栓症のリスクを高めます。可能であれば、医師に相談して薬の変更も検討してください。

モノクローナル抗体は、「モノ」という名前の通り、基本は単一の抗体なので、ウイルスがその抗体と結合しにくく変異してしまったら、もう十分な効果は望めません。

モノクローナル抗体を採用している韓国や米国のイーライ・リリー社製ワクチン等の有効性減弱、またファイザー製であっても、人間の体内で作らせる抗体に対して、同様に逃避変異が生じていくのでないかと推察されます。

【2021年5月7日】ワクチン接種と抗体

4月より、コロナウイルスワクチンを接種している人が増えてきました。

国はコロナウイルスワクチン接種を薦めています。特に医療関係者と高齢者の方が優先的です。

ではワクチン接種後に、抵抗力を示す抗体をチェックしているでしょうか？

2回接種した人、抗体ができていますか？　抗体検査をすると意外と抗体ができていない人が多いのではないでしょうか？　2回打ったというワクチン接種記録があれば充分なのでしょうか？

コロナウイルスワクチンを打ったから大丈夫だと思い、抗体ができたと思い、大きな安心感で無防備な外出をすることに疑問を感じます。

ワクチン接種をしたのなら、抗体ができたのか全員に調査をして欲しいものです。

コロナウイルスＩｇＧ抗体検査（採血）をしてください。ワクチン接種が無料なら抗体検査も無料。キットによっては陽性率が低く出るものや精度が粗悪なものもあるので、政府はできるだけ精度が高く安心できるものを国の定めとして欲しいものです。

ナガレース酵素がワクチンの成分の中に入っています。体内で癌を作り出す酵素です。

また「ビタミンＤ」の生成を壊して免疫力を下げる作用があります。

ハチミツはこのナガレース酵素に勝つためにも、免疫力を上げるためにも大事な食べ物です。

ワクチンを打っても今の変異株には20％しか効果がありません。今はじっと辛抱が大事です。去年までのウイルスと今年のウイルスは〝違う〟と強く自覚することです。外から体内に入るコロナウイルスの変異株、ワクチンを打つことによって中からも体内が蝕まれます。

日本人は日本で作るワクチンを待っていても遅くありません。メシアメジャーはワクチンを拒否しているのではなく、日本でできるワクチンに期待しているのです。

今年の赤い野菜はがん予防です。ワクチンを打つ前も、打ったあとも赤い野菜を食べてください。

もう一度言います。イチゴ、トマト、パプリカ、サクランボ、イチジクを食べてください。

【２０２１年９月13日】　子どもワクチン

デルタ株を中心とする変異ウイルスが主体となってから、急激に子どもたちの感染者が増えてきました。

コロナウイルス感染の特徴もだんだんと変わってきています。

今、子どもたちのコロナウイルスの感染は何を意味しているのでしょうか?!

昨年の2020年も子どものコロナ感染者はいましたが、少数だったと思います。しかし今、爆発的に子どもの陽性者が増えています。


子どもたちは学校やクラブ活動でクラスターが起きていると思いがちですが、実際は家庭感染が圧倒的に多く、緊急事態宣言が発令されて制限されている県の子どもたちは外で遊ぶこともほとんどありません。

子どもたちは集団で遊ぶこともないので、子どもの感染の多くは、大人から子どもへと移っています。


「子どもは免疫力があるから感染はしない」、「子どもは重症化しない」と、言われていましたが、だんだんと感染者は増えてきています。

しかし、これらの感染に共通する多くは家庭感染であり、子ども自体が感染者であり、子どもから親に感染させることはほとんどありません。

親子で感染する多くは、菓子パンを食べたり、フードコートなどで食べていることにあります。

そうです、免疫力を高める食品を食べることなく簡易的な食べ物を食べている子どもに多いのです。

朝は味噌汁と梅干、ご飯を食べさせてください。よく噛み唾液と共にのどを通る食事を食べさせていたら、こんなに多くの感染者が出ることはなかったはずです。


デルタ株は体内に入ると身体の中で悪さをするから、感染しないためにもコロナワクチン接種が大事ですと、声高々に伝えていますが、本当に子どもにワクチンを投与することが良いことなのでしょうか？

今、大人に投与しているワクチンは、平均体重70～80キロの人に対しての量です。

80キロの体重の大人と40キロしかない体重の人の差を考えずに、同じ量のワクチンを投与するのはおかしいと、誰が見てもわかります。

（インフルエンザの予防接種と性質？が全く異なる）

ワクチンを2回接種し、短期間の内にさらに3回目を接種するなんて、なにか変だと思いませんか？　ただやみくもにワクチンを打つことが本当に正しいのでしょうか?!

愛する子どもたちがコロナに感染するからワクチンを打つのではなく、ワクチンのメリットとデメリットをしっかりと考えて、未来を見通す判断がもっとも大事な時です。


医者や薬剤師の人たちは、率先してコロナワクチンを自分の子どもに投与していますか？

今は、分岐点にいます。ワクチンパスポートがあれば旅行にも自由に行ける。接種証明書があれば割引がある。ワクチンパスポートや接種証明書のあとに続く言葉を理解しないこと自体、おかしなことだと思わないので社会全体が狂ってきていると言えます。

【2021年9月19日】　ワクチン効果

ワクチンを2回接種したから、〝私は大丈夫〟と思っている人がたくさんいます。

しかしワクチンを打ったからといって、コロナウイルスに感染しないと言うことは全くありません。2回目のワクチンを接種し、2週間経過すればブレイクスルー感染します。

デルタ株、ラムダ株などウイルスは常に進化しています。

進化というよりも成長していると言う方が正しいかもしれません。

ワクチン接種をしてコロナウイルスへの免疫ができたとしても、細菌性のウイルスはたくさんいるので他の病気を併発する可能性があります。

特に血栓です。

脳梗塞、心筋梗塞はインフルエンザが流行り始めると患者が増えてくるので、ブレイクスルー感染とともに注意してください。

【2021年12月1日】 メディアの報道

11月はコロナも終息するのではないかと思うほど静かになりますと伝えたのは、今年の8月でした。

しかし、衆議選が前倒しになり、告示は10月19日となったため、10月からコロナは静かになり、10月と11月は自由に外を歩けるようになりましたが、決してコロナウイルスが終息したのではありません。

検査数が少ないのと報道が少ないだけで、本来は何も変わっていません。報道に右往左往していると本質を見極められなくなるので注意してください。12月に入ると、また新型ウイルスだと言って騒ぐようになります。

私たちはオミクロン株をクローンと呼んでいます。
後日、オミクロンとデルタを合わせた文字を送りますと伝えましたが、私たちより1日早く、小川さんや愛さんに伝えた人がいて笑ってしまいました。

目先のことで一喜《き》一憂《ゆう》しない

デルタ株　DELTA
オミクロン株　OMICRON

2つの単語を並べ替えると
デルタ＋オミクロン
DELTA＋OMICRON

＝メディア　コントロール
＝MEDIA CONTROL

答えは読んだ通り、メディア（報道）で皆さんが踊らされているという答えになります。

これも、新型ウイルスの本筋だと思えば、3回目の摂取が本当に必要なのか、ワクチンを打つ本来の目的は何かわかるはずです。

コロナウイルスの詳しい内容は村中愛の著書、『大切な人を守るためのコロナの話』をお読みください。

⑫ 人工知能（AI）問題

【1997年12月17日】テレビとコンピューターゲーム

日本のアニメは世界を動かしていきます。世界中の大人も子どもも共に漫画を読みます。しかし恐ろしいことはアニメを使った悪が動くということ。アニメの進化とともに悪知恵も働きます。

ゲームソフトの電波やテレビの電波をキャッチし、どこで、誰が、何をしているのか、随時、見張られ監視される時が来ます。コンピューターゲームから人間のあらゆる情報が取られる時代が来ます。

1回目のテストは、ピカチュウの映像から強い電波が飛んで多くの子どもたちが意識を失う出来事から始まりました。

【2009年12月11日】 人工知能ロボット

今、とてつもないスピードでロボット（ＡＩ）の開発が行なわれています。単調なロボットからは想像できない人工知能を持ったロボットが生まれてきます。

日本のロボットは単調な作業から進化し、目の前の人間を相手に会話するロボットもいますが、さらに進化して、知能を持ち、考えて行動するロボットへと進化していきます。

小学2年生程度の算数や国語問題が解けるロボットも誕生します。問題が解ける、つまり計算するロボットが誕生するのだから、人間ものんびりしていてはロボットに使われる人間ロボットになってしまいます。

人工ロボットは鉄腕アトムが具現化したもののように、人と同等の感情を持った少年ロボットです。鉄腕アトムから現在の日本ロボット工学に火がつきました。

さて、鉄腕アトムの7つの威力を考えてみましょう。

電子頭脳（どんな問題でも解いてしまい、記憶能力が優れている）

人工声帯（60ヶ国～160ヶ国の言葉をしゃべり、宇宙人とも会話が可能）
聴力1000倍（どんな音も察知し、どんな声も聞き取れる）
サーチライトの目（夜も、海の中も、闇も見える。記録装置もある）
十万馬力（未来世界を行き来する力）
足のジェット噴射（最高速度マッハ10、宇宙空間も飛べる）
お尻からマシンガン（1分間に数百発飛ばす）

鉄腕アトムは人間の心の善悪を読み取る人工ロボット。世界一早い人工ロボットの表現だと言えましょう。

【2002年9月7日】　ポケットモンスター

【1997年12月15日】色の配置と乱反射で多くの子どもたちが意識を失う、と伝えた内容を覚えているでしょうか？

単調な光雷がランダムに放出すると電磁波障害が起こります。よって、暗闇でテレビを集中して見ていると、脳の角質に色が乱反射して多くの子どもたちが意識を失います。また、地球の色反射は惑星配列移動が大きく影響したものです。15日間ほど子どもたちの脳に影響します。

それはポケモンショックと呼ばれ、私たちが伝えた次の日に多くの子どもたちが光過敏性発作で倒れました。

テレビの内容は、コンピュータ内で起きている事件を解決するためにコンピュータ内部に入りワクチンソフトを攻撃して破壊します。そして破壊したデータを修復する内容でした。そのためにストロボをバンバン当て、激しい光の点滅を繰り返しました。これはテレビの行為ですが裏ではある種の実験でした。もちろんテレビ局も番組主催者も全く知らないことですが、電波を使った人間の脳に刺激を与え意識障害を起こすテストでした。

日本のテレビ全てに今後はチップが導入されます。そのチップは全てアメリカで管理されます。

そうです、テレビの電源さえ入っていれば、全家庭での情報がチップを通しアメリカに送られ、管理され、見ることができます。家が留守か留守でないかも全て分かってしまいます。

ポケットモンスター・ピカチューは進化し続けます。そして有数の国で単なるゲームから管理ソフトとして移行していきます。注意が必要です。

【2014年5月31日】 携帯電話で血が錆びる

年々、携帯電話の普及が増えていきます。携帯電話は無線電話系通信機で、電波による無線通信を利用して情報のやり取りを行っています。携帯電話は1980年頃から事業として成立するようになりましたが、現在は約25年の歳月で、いつでも、どこでも、誰でも持てるようになりましたし、今後益々エリアも伸び、多機能化して進化を続けます。

しかし、携帯電話の落とし穴があります。

皆さん携帯電話の電磁波に対する注意書きを隅から隅まで読みましたか？ 読んでいたら、怖くて、大学生以下の子どもたちに携帯電話を持たせないでしょう。

高周波エネルギーの怖さです。携帯電話から出る電磁波は発がん性があり、悪性の脳腫瘍ができます。また血液に錆びができて体内に錆が沈殿します。体内にできた錆びは膀胱や子宮に溜まります。子どもに携帯電話を持たせてはいけません。子どもが携帯を使って常にゲームをすることは死に向かっていることと同じです。

電車の中で携帯電話を使っている人が大勢います。電車の小さな箱の中で皆が携帯電話を使うと電磁波は行き場所が無くなります。電車は箱を支えるレールとパンタグラフから得る電気を使って走らせるのです。電車の箱の中は行き場のない電磁波が怖いほど飛んでいます。

若者よ、電車の中だけ電源を切ろう。人も自分も携帯電話は〝無言の殺人鬼〟だと思ってほしい。

【２０１６年５月５日】 携帯電話の待ち受け画面に子どもの写真を使わない

18未満の子どもに携帯電話を持たせない３つの理由。

携帯電話は無線電話系通信機で電波による無線通信を利用して情報のやり取りを行っています。

〈電磁波〉

以前にも伝えたように電磁波です。説明書の電磁波に対する注意書きを隅から隅まで読みましたか？

読んでいたら、怖くて、大学生以下の子どもたちに携帯電話を持たせないでしょう。

高周波エネルギーの怖さです。携帯電話から出る電磁波は発がん性があり、悪性の脳腫瘍ができます。

また血液に錆びができて体内に錆が沈殿します。体内にできた錆びは膀胱や子宮に溜まります。子どもに携帯電話を持たせてはいけません。

子どもが携帯を使って常にゲームをすることは死に向かっていることと同じです。


〈情報〉

可愛いわが子、わが孫を待ち受け画面にしていつも見ていたいものです。

しかし、携帯を開く度に、子や孫の顔写真はスキャンされ他の国に送られていることをご存知でしょうか。


今や三大情報国のアメリカ、中国、イスラエルに、私たちが持っている電話番号、ラインアドレス、全ての携帯電話データが送られています。

ＧＰＳ機能がついているからです。もっといえば、宇宙に飛ばした人工衛星が多い国、

１位ロシア、２位アメリカ、３位中国、４位日本、５位フランスは通話内容もラインやメールも全て記録できるということになります。つまり、携帯電話の待ち受け画面内容も開く回数も全て情報として他国は知っていて、可愛い子や孫の顔、ほくろの位置からエクボまで認証されているということです。

待ち受け画面にせず、写真フォルダに入れれば、常に認証されることは防げます。

〈位置情報〉

家族構成、住所、学歴、趣味、取得資格、購入歴から移動場所まで、全ての情報が入っている携帯電話。

なのに、私は携帯電話に情報は入れていないという声を聞きます。ですが、そんな情報は登録しなくても全て把握されています。

一例をあげると日本の電車は３分おきに駅を発車してもぶつかりません。飛行機、貨物便や旅客機も含めば世界で毎日25万から30万便飛んでいます。全て位置情報がコンピュータで記されています。

大事な子どもや孫、待ち受け画面で顔認証されるだけで位置情報がわかる時代です。

位置情報は犯罪にも使え、狙われる対象となります。

【2017年3月7日】 北朝鮮の若者が携帯を持つと世の終焉

世界の若者が携帯電話を持つようになり、世界の隅々の情報を一瞬にして知り得ることができます。情報が早く届くというメリットもありますが、反対に電話に依存しゲームに没頭してしまう人もいます。

でもそれは些細なことで携帯電話が本当に怖い理由は他にあります。

携帯電話の情報は3カ国に流れていることです。携帯の位置情報で居場所がわかり、歩いたルートもわかれば立ち寄った場所も時間も計算できます。ゲームにしてもスピードや完成度で脳のIQまで計算できるし、人の集まる場所の位置確認もできます。

また、電子マネー残高までわかれば、携帯電話に打ち込んだデータや写真までも全て盗聴と透視ができて記録は全てコピーできます。

今、武力で抑えている北朝鮮の若者が携帯を持つと武力は軍事武力でも抑えられなくなり、世の終焉の時が来たといえます。

【２０２０年３月17日】　中国と5Gとコロナウイルス　04：20

中国では月に数回携帯電話の新作を発表していました。しかし、新型コロナウイルスの保菌者が増え、新製品の情報発信を全て中止させる事態になり、またスペインのバルセロナで５Ｇ展示が大規模発表予定でした。日本も春商戦での５Ｇサービスが開始でしたが苦しい状況が続いています。

携帯電話の値引きや制限でドコモやＫＤＤＩは早期の販売は見込めず厳しい状況になります。

５Ｇを制する国が世界を制すると言われていますが、５Ｇ商品サービスを開始した国は中国、アメリカ、韓国、イギリス、イタリア、モナコ、ドイツ、イラン、スペインなど19～21カ国と増えています。

５ＧとコロナウイルスとＡＩとの関係を考えましょう。

５Ｇの「高速大容量」「多数端末接続」「高機能カメラ」本当に必要でしょうか？

5Gで人間の脳や身体リスクをどのように考えるのでしょうか?

5Gとコロナウイルス、併せてサバクトビバッタの125ヘルツが関係しているとすれば?

5Gが出す不思議な周波数とは何か?

⑬ フォッサマグナ

【2013年11月21日】 麒麟の足は西之島

昨日から東京都の南、西之島から海底火山が噴き上がり始めました。

この地底火山は数年止まりません。なぜなら、本来この溶岩は富士山から吹くマグマでこのマグマを止めようとしたら、富士山の噴火は止めようがなくなります。

富士山が噴火すれば、東京都、埼玉県、千葉県は大きな被害を受けてしまいます。

火山が噴火した場合、時速100キロのスピードで火砕流が流れたら……、火山灰が1時間で西なら大阪、東なら岩手まで届き、太陽は黒く見えます。その後、人による水と食べ物の奪い合いが起こります。

今、被害の少ない海底火山の西之島に誰もが感謝をしたいものです。

日本を麒麟とみなします。北海道が頭部、本州が本体、九州が骨盤及び腰、四国が腹としましょう。東京都の伊豆諸島周辺は前足。後足は南九州から琉球・沖縄諸島。前足は足を伸ばし、後足ははねています。前足は駿河トラフ、後足は姶良カルデラまで確実に伸びていると言っても過言ではないのです。

【2021年10月23日】浅間山に関連して

これまで自然災害は何度も起きてきました。

雷や嵐、大雨は普通のことです。

しかし単に自然災害、自然現象と見るだけではいけない。

今後は、先見も予想も大事なことです。

富士山や浅間山の噴火については多くの人が知っていることですが、浅間山が噴火すると東京にも火山灰が降ってきます。

昔々の話ですが、関ヶ原の戦いの時も噴火が起きています。

浅間山の噴火記録を読めば先見や予想がつきます。

「浅間山が噴火すると歴史が変化する恐れがあります。歴史が変化する予兆があります。浅間山の噴火には留意すること」と、シリウス図書館の本に書かれています。

〈注意〉
三宅島↓伊豆大島↓浅間山ライン
西之島と福徳岡ノ場周辺
阿蘇山↓霧島山↓桜島↓薩摩硫黄島↓口永良部島↓諏訪之瀬島↓硫黄島ライン
浅間山↓阿蘇山の中央構造線ライン

〈別件注意〉

硫黄島海底噴火で海底が隆起しています。そのため、戦後に米軍が基地（港）を作ろうとして沈めた船も隆起してきました。

日本では、戦後最大の規模、自衛隊全体で訓練が始まっています。米軍基地でも上層部が頻繁に会議を繰り返しています。米軍基地内と自衛隊の動きに注意してください。

【2021年10月26日】　大量の軽石

〈注意〉

三宅島↓伊豆大島↓浅間山ライン

西之島と福徳岡ノ場周辺

2つ目、福徳岡ノ場で大規模な火山噴火が起きました。そのことで大量の軽石が噴出しました。

今、軽石は沖縄奄美大島に漂着が始まっています。今後は黒潮に乗って北上し来月の11月初めには四国や本州の沿岸に接近します。

今回の噴火はこの100年の中では最大です。大量の軽石と火山灰は、東京ドーム88杯分はあり、漁船のエンジントラブルが続きます。

一部の研究者が、軽石はいずれは海に沈むと予想していますが、軽石が海の中に沈むことは非常に難しい。黒潮蛇行により現状のままだと、2ヶ月後には原子力発電所の冷却水にも障害をもたらします。早めの対処が望ましい。

【2021年11月17日】フォッサマグナ

私たちのメッセージは、小学生の高学年が読んでもわかるように説くことを目的としていますので、学説的に違いがあると言われるかもしれません。

しかし、学説的に説くのは地球に住む学者にお任せして、私たちは真意を述べていきたいと思います。そのことを先ず理解していただきたい。

フォッサマグナについては、今後の日本にとって大きなストーリーになります。

また日本だけでなく日本の役割が明確にわかってくると思います。

ほぼ長方形だった日本は、約１７８０万年

前、割れて2つになりました。
その頃のユーラシアプレート、北アメリカプレート、太平洋プレート、フィリピン海プレートなどは、日本から遠く離れた場所にありました。
2つに分かれた日本をくっつけて接着剤的な役割を果たしたのは、海底に溜まっていた新しい地層です。

何度も隆起してきて、焼山、富士山など南北に伸びる火山列ができるのですが、2つに分かれた日本の地層の中間部分はとても柔らかかったために、ユーラシアプレートと北アメリカプレートが入り込み、今の糸魚川静岡構造線ができました。

今現在日本では、もともと大地の裂け目である新しい地層（フォッサマグナ）の周辺で異変が起きています。

西側の境界は、飛騨山脈の北の糸魚川から、赤石山脈の南の静岡までの、糸魚川＝静岡構造線。

東側の境界は、越後山脈の北の新堀田―小出構造線と柏崎＝千葉構造線を繋げたL字型。

断層の中間陥没地帯であるフォッサマグナが今、動いています。

しかし、日本の地形は他にも摩訶不思議なことがあります。

西側のフォッサマグナが一番突出した部分は、長野県の諏訪湖から天竜川に沿って南に伸びています。

そして、愛知県の伊良湖水道から淡路島の南端、四国の豊後水道を通り佐田岬から佐賀まで抜ける中央構造線があります。


今、最も危ない地域はフォッサマグナ付近の一帯と中構造線付近の一帯です。

【2021年11月30日】噴火とフォッサマグナ

11月30日、フィリピンのピナツボ火山で噴火が起きました。ピナツボ火山は１９９１年

6月に、20世紀最大規模とされる噴火が起きた場所です。

この度の噴火は、1991年の規模からすると随分小さな噴火ですが、今後の火山活動が活発化しないように見守る必要があると思います。

次に海底火山「福徳岡ノ場」で、近年では最大規模です。新島を形成したことや噴火で軽石が大量に出ました。軽石は噴火直後から観測され、海流に流され今も海を漂っています。

「福徳岡ノ場」から噴出した軽石を容積で計算すると東京ドーム80個分になります。

また、今回の海底火山規模は東京の火山噴火としては100年に1回しか起きない規模でした。

言い換えれば100年に1回規模の火山噴火がフィリピン近海や日本近海で起きたと言うことになります。

今回の海底火山の噴火は小笠原諸島の海上だったから関東には直接影響がありませんでしたが、「福徳岡ノ場」の規模が東京湾で起きたならどうなっていたのでしょうか？ 西之島の新島は溶岩によってできたことに対し、「福徳岡ノ場」は軽石が積もっただけなのでまもなく波に侵食されて消えてしまいます。

しかし、頻繁に伊豆諸島や小笠原諸島で海底火山噴火や地震が続くと、過去と同じく、フィリピン海プレートが南海トラフに向かって移動し沈み込みます。

そこに海底プレートが動き伊豆諸島や小笠原諸島が北上して本州に追突し始めるのです！

本州に北上するたびに、日本は2つに分かれようと力が加算されて、東日本は時計と反対回りに曲がり、西側は時計回りに地形を変えていきます。

今、伊豆諸島や小笠原諸島周辺の海底が北側に滑っていますから、皆さまの祈りで沖縄側から中央構造線にエネルギーを合わせ、伊豆諸島、小笠原諸島に向けて、祈りを捧げてほしいと切に願うものです。

【2021年12月16日】破局噴火

危険な内容はいくつかあります。

人口が極端に減るのは、フォッサマグナの区域に住んでいる4000万人だけではありません。

富士山の噴火は関東全域が全滅だと言われています。

しかし、富士山の噴火よりももっと怖いのは、日本全域に影響する大噴火は「破局噴火《はきょくふんか》」です。

「破局噴火」で一番可能性が高いのは、九州の阿蘇山のカルデラ噴火です。

阿蘇山のカルデラ噴火が起きた場合、2時間の火砕流《かさいりゅう》で700万人住む九州の地域を焼き尽くし、火山灰は東北まで届き、北海道の手前で止まるかは風向き次第です。

阿蘇山のカルデラ噴火が起きれば、東京で20センチメートルの火山灰が積もるので、全てが作動しなくなります。

2011年から8つの火山が噴火

桜島《さくらじま》……鹿児島県
霧島新燃岳《きりしましんもえだけ》……宮崎県、鹿児島県
西ノ島……東京都、小笠原諸島
御嶽山《おんたけやま》……長野県
口永良部《くちのえらぶ》島……鹿児島県
浅間山《あさまやま》……長野県
阿蘇山《あそさん》……熊本県
箱根山《はこねさん》……神奈川県

火山噴火に対しては情報を聞きながら自分の身の安全を真剣に考えてほしいと願っています。

⑭ 隕石落下

【2014年3月28日】 2060年頃から隕石が飛んでくる《全集④》

地球の周りには無数の星々があります。地球のそばには各国が打ち上げた人工衛星があります。

宇宙の中にもブラックホールがあり、吸い込まれ消えていく星もあります。

今、時空が著しくゆがみ、重力変化が起きています。それによって光の速度についていけない星が飛ばされてしまい、2060年頃から地球に大接近してきます。つまり、隕石が飛んでくる恐れがあるということです。

しかし、隕石を打ち壊すレーザーができます。なんと数人で働く町工場の日本人がレーザー作製に成功します。

【2020年6月26日】 惑星の動きと磁気

6月の中頃より、惑星直列の影響を受けて、身体の生体磁気に反応して人がマンションや高層ビルから落下しています。また、隕石の落下や衛星も狂いが生じるので注意が必要です。電気系統の狂いも生じるので7月の末まで警戒を忘れないでください。

村中　次に危険な内容はいくつかありますが先程言ったようにフォッサマグナの区域に住んでいる人が4000万人います。富士山の噴火は関東全域が全滅するだろうというように言われています。ですが富士山よりまだ怖いものがあります。何でしょう、先程ちょっと話しました。破局噴火というのが一番怖くて、九州の阿蘇山のカルデラ噴火です。阿蘇山のカルデラ噴火が起こった場合どうなりますか。想像してください。私はこのメッセージを読んだとき震えました。

私は、昨年12月、東京講演会、大阪講演会、岡山講演会、鳥取講演会で、フォッサマグナのことを話しましたが、実はそれ以上言うのはやめようと思っていました。だって一人の力では何ともならないし、却って皆を驚かせ恐怖をあおるのは嫌です。私が言ったことで恐怖や生きる力が減退するのは困ると思いました。墓場まで持っていこうか、話したほうがよいのか真剣に考えました。

九州の阿蘇山でカルデラ噴火が起こった場合、火砕流は2時間で700万人が住んでいる九州の全域を焼き尽くします。カルデラ噴火の灰は東北まで届き、北海道の手前ぐらいで止まるでしょうと言われています。「止まるでしょう」です。風向き次第です。そして、阿蘇山のカルデラ噴火が起こった場合、東京では20センチの火山灰が積もりますから新幹線も飛行機など交通機関はすべて止まります。コンピュータも全部止まると思います。

皆さまは深く考えていないかもしれませんが2011年から今まで8ヶ所で火山噴火が起こっています。

桜島・鹿児島県、
霧島新燃岳・宮崎県と鹿児島県にまたがっています。
西ノ島・東京都小笠原諸島、
次御嶽山・長野県、
沖永良部島・鹿児島県、

次浅間山・長野県、
阿蘇山・熊本県（これは大したことはない）、
箱根の山、箱根山・神奈川県、
この8つが噴火しています。
そして今は、悪石島がすごく揺れています。

2011年から2021年の10年間に8つの噴火が起きたということはどういうことか、噴火すると今後はどうなっていくか考えなくてはいけません。

1月15日、トンガで大噴火が起きました。火山灰は3000キロメートル離れたオーストラリアまで到達しました。

世界各国で「空振」の津波の影響を受けました。トンガ同様の噴火が日本でも起こる可能性があります。


また日本は原発があります。原子力発電所、地図をご覧ください。日本にはたくさんの原子炉があります。作動しているものと、作動していないものも載せています。

丸の1個が、点のように見える原子炉1個が、もしいろいろな作用で止まってしまった場合、ここから100キロ圏内は住めないと言われています。島根などには4つありますね、この4つ全部に100キロ圏内を重ねると広範囲で圏内になります。福島も2つあるのでこれを100キロ圏内に重ねると広範囲、人が住めなくなります。だから日本人が安全に安心して住める場所というのは無いのです。

ですが、皆さまは、明日も今日の延長で変化の無い日々が続くだろうと思っていることが今一番怖いことです。危機を危機とも感じない、「今後は起こってくるかもしれない」と気にもとめないことに怖さを感じます。

まあ誰かがするだろう、なんとかなるだろう
このまま気象変動が起きても明日ではないだろう
国際が悪化しても輸入や輸出は減らない
もし輸入が減っても日本人は生きていけるから自給自足をしなくてもいい
と考えている人が多いこと。

皆さま、本当に頭を切り替えてください。少し視点を変えて考えていきましょう。

コロナウイルスの問題が始まって、コロナウイルス感染症の流行により、世界各国で行

動が制限されました。ロックダウンになって皆さまが自粛したことにより二酸化炭素などの温室効果ガスや人為起源エアロゾルの排出量は大きく減少しました。

しかし、大気中の二酸化炭素は減少していません。

小川 2008年8月15日『日本人、早急になすべきこと②』のメッセージにあるように、家を建てましょう、自分の力で家を建てます。自分で建てる家、お金を払うのではなく、自分の知恵と身体で建てる家です。自分では家も建てられない、電気の配線もできないでは今後、生きていけないのです。

次に自分で小船も作ります。釣りの道具も自分で作ります。魚を自分で捕まえ料理しなくてはいけません。今、都会の子どもたちは魚の切り身しか見たことがないでしょう。田畑で米を作り、野菜や果物を作れるようにしなくてはなりません。畑や田んぼを拡大し、率先して自給自足しなければ間に合いません。

私も自分で家を建てることや電気の配線もできません。今は農業学校に行き、野菜やお米の作り方を学びましたが、技術が伴っているかと言えば学んだだけでは充分にできるとは決して言えない。農業も奥が深いですから、いえ農業だけでなく、すべてにおいて奥が深いですよね。

気候変動や国際関係が悪化し、輸入に支障が出た場合、日本は持ちこたえるでしょうか？　輸入に頼っている日本が生き延びられるのでしょうか？　とても心配になります。

ここから回避策のメッセージを連載していきます。

第3章

『回避の方法』

〖災害への準備・備蓄〗

【2019年10月12日】　台風の準備

台風の準備をしてください。

〈雨戸がない窓〉

網戸を外して家の中に入れる。

窓のカギをかける。

養生テープを家の中から窓ガラスに貼る。

養生テープを貼り終えたら、段ボールかプチプチをガラスにテープで貼る。

（ガムテープを使うなら糸入りにする）

カーテンを閉め、しっかりカーテンを洗濯バサミで上、中央、下を止める。

〈水害が心配な人〉

土嚢袋と砂を買ってきて、家の玄関中に置いておく。

水が家に入る恐れが出たら、土嚢袋を家の中から玄関に置いて水が入ってこないように抑える。


〈日常生活の教え〉

大切な物は事前に2階に上げておく。

懐中電灯、ラジオ、ランプ、ろうそく、マッチを1階と2階に分けておく。

(ろうそくを使用の場合は水も側に置く)

お風呂場の浴槽と洗濯機に水を入れておく。

家にある保冷剤を凍らせて冷凍庫に入れておく。

停電になったら、冷凍庫から保冷剤を数個出して冷蔵庫に入れる。

保冷剤を冷蔵庫に入れたら、冷蔵庫はむやみに開けない。

車のガソリンは満タンにする。

携帯電話の携帯充電器は電池式を買う。

水や食料を買って備蓄する。（日持ちする物、電気を使わない物を買う）
服、下着、靴の予備を準備する。
貴重品や薬を安全な場所に置いておく。
外にある物は飛ばないように結ぶ。家の中に入れる。

【2020年1月5日】 伝えました

村中愛さんに私たちは伝えました。


「トイレットペーパーとビニール袋を大量に買いなさい」と。

「ガソリンは常に満タンにしておきなさい」と。

「水・米・缶詰め・乾パン・飴、生き延びるための準備をしなさい」と。

「ウマブドウ茶・イタドリ茶・ドクダミ草茶などの薬草茶の準備をしなさい、飲みなさい」と。

「東日本大震災と同じ規模、いやもっと大きな地震の前触れ余震が始まっている」と。

「地震は南東方向と北西方向と真逆に動いていて日本は中心が折れる危険性がある」と。

「日本の地形は隆起している場所と沈降している場所がある」と。

「地震だけではなく、アメリカとイランの戦いで原油が高騰する」と。

「金《きん》が値上がりするので早く金を購入しなさい」と。

「昨年の三都市講演会で準備しない人は死ぬと伝えて」と。

「サウジでは石油関連施設が破壊され、タンカーの攻撃も多いので石油が高騰する」と。

「早く、メタンハイドレートに取り組まなくてはいけない」と。

「株の暴落もある」と。

「自給自足の準備をしなさい」と。

「輸入が減り、空腹になる」と。

「自家製の種を持ちなさい」と。

「主食の米を作らないと国は滅びる」と。

【2020年6月30日】 備蓄と畑

7月になると日本に大きな試練がやってきます。水害です。

大規模な豪雨や川の氾濫が起きると町や村から畑が消えていきます。

備蓄の買出しは２０２０年４月１日のメッセージですでに伝えていますが、今から備蓄を考える人は大きなマス目から落ち、生きていけない第４ステージの人たちです。

第１次ステージの人は備蓄品を半年分以上持ち、畑の準備ができている人
第２次ステージの人は備蓄品を３ヶ月分以上持ち、畑の準備ができている人
（家族や親せきに備蓄品があり、畑の準備もあって一緒にやらせてもらえる人）
第３次ステージの人は備蓄品が半年分以上あり、小さくても庭で野菜を植えている人
第４次ステージの人はこれから備蓄品や畑の準備をする人
第５次ステージの人は何も起こらないと考え備蓄も畑の準備もしない人

【２０２１年９月１日】 未来は変わる　１

近未来は変わります。
今までは買い物に行っていましたが、これからは配達の時代になります（分配・宅配）
自家で作っていた野菜や果物とはまた別ですが、主な生産物は専門的な知識を持つ人に

教わりながら、集団で作るようになります（グループ単位）
大量生産していたものは段々と減っていき、必要な物だけを生産するようになります
（少量生産）コロナ終息のあとは食料の自給を考えなくてはなりません。

発想の転換
誰もが自由に考えて作っていた作物は、確実に実がなるものへ切り替えます。
そのために、グループで考えましょう。

塩害に強い食べ物、建築物、他
種が取れる食べ物（野菜、果物）
飼育できる動物や魚
少量で体内のエネルギーを上げられる食べ物。作り方、育て方（ハウス、地下、地上）
簡単にできる生活用品
品種を少なくし良いものを作る
（豊富な食べ物から厳選した品種、かつたくさん取れる食物）
エネルギーを作る

石油からメタンハイドレート、マンガン、太陽、風、水、木

〈場所〉

300年前から変化していない土地（地震、津波、集団的な町を外す）にエコビレッジを作る

〈変化〉

都会には住めない。

低地帯は住めない。

便利さは求められない。

寒い時マイナス45度プラス暑い時45度＝90度～100度の温度差で、身体が順応せず、
生き抜くことが困難になる。

薬は効かない。

自然発火はどこにでも起こる。

家畜の食料減退（草、穀物、水）

食料危機（穀物、水）

〔外出時の持ち物〕

【2015年9月8日】　災害時の3つの必需品

もし、首都圏に直下型地震が来た場合、あなたはどこに逃げますか？　家族で安否確認はどうしますか？

首都圏の4万から4万5千人が同時に電話を使うと回線はパンクしてしまいます。「連絡が取れるのは最悪の場合2日目になるね」と普段から話しておきましょう。

さて、あなたは歩いて我が家まで帰りますか？

無理ですね、なかなか自宅までは歩いては帰れません。

では、どこかに安全な場所を見つけて眠れる場所を確保しましょう。1日たてば、一昼夜越せれば大丈夫、だんだんと状況が見えてきます。すぐ動いてけがをするよりも「1日ぐらいここで待つ！」という勇気が必要です。
暑さ寒さもあります、恐怖もあります。でも、「絶対私は大丈夫」と心で唱えて下さい。どんな危機でも耐える力をみんな持っています。

そこで、みなさんのバックの中に3つだけ入れて欲しい物があります。

1つ目の必需品は、45リットル用の厚手のビニールごみ袋を2枚、なるべく透けて見えない物を用意して下さい。小さく折ると邪魔にならないものです。輪ゴムで丸くしても大丈夫。

もし、緊急事態になっても、寒くなればワサの部分を切り、筒状にして身体を入れると、寒さや雨がしのげます。

トイレも人前ではできません。でも辛抱にも限界があります。でもビニール袋を切ってスカート状にすれば恥ずかしくないので安心です。

2つ目の必需品は5個の飴。飴があれば糖分がとれます。糖分が入れば悲観的な気持ちにはなりません。半日

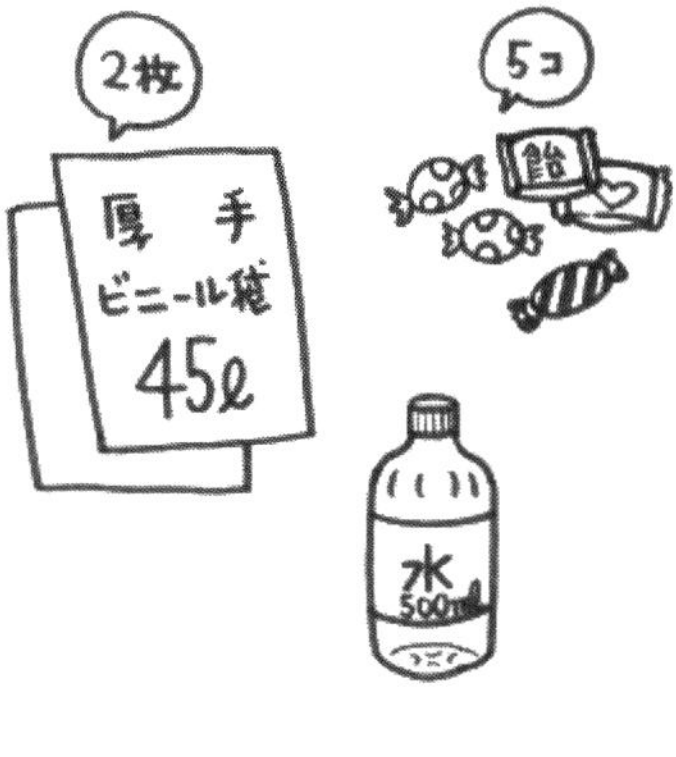

に1個食べれば身も心も元気になります。
3つ目の必需品はペットボトル500mの水。お出かけの時は水を持参ください。
ともに生きるために、みんなでがんばりましょう。

【2021年11月24日】 外出時に持って出る、3日分の薬

これから先、災害が多くなります。自宅に帰れない場合もあります。その時に、大事な持ち物です。準備して常に持ち歩きましょう。

45リットル厚手のビニール袋2枚
飴5個
500mのペットボトルの水
3日分の薬

【2020年1月4日】 準備が必要です

具体的に言います。

女の子がいる家庭は生理用品の準備
年配者がいる家庭はトイレットペーパーとホッカイロの準備
大食家が多い家庭はお米と餅の準備
心配性の人がいる家庭は小銭の準備
生き延びたいと思う家庭は水と食料の準備
家が古い家庭は特大の物置の準備
小さな子どもがいる家庭は衣服と飴玉の準備
赤ちゃんのいる家庭はミルクと紙おむつの準備

準備をしてください。車は常にガソリンを満タンに入れておいてください。
準備をしてください。大きな地震がきます。

〔ウイルスに負けない身体〕

【2021年2月6日】　お風呂で癒し効果

コロナウイルス感染から1年が経過しました。ストレスや精神が不安定な人がいます。そこで自宅で簡単にできる、お風呂でヒーリング（癒し）をしてみましょう。自宅周辺にある葉・野菜・果物で「癒しの湯」ができます。

また、たくさんの効能がありますが、本日はお湯の紹介だけにします。


〈松湯〉

松湯に使う松は生の葉だけを使います。松には樹脂（精油成分）が多いのでぬるま湯で樹脂をよく洗い落とします。樹脂が出なくなれば鍋に水（1000cc）と松（100g）を入れ、水から火にかけて15分煮出します。松を布でこし、煮汁だけを風呂に入れてかき混ぜたあとに入ります。

〈柚子湯〉

柚子湯は丸ごと1個の果実をお風呂に入れます。果実をお風呂で突いて遊んでいると天然の柚子の香りが強くなります。

注意　皮や実が破け出ると肌がピリピリする場合があるので注意してください。

〈ローリエ湯（月桂樹）〉

生葉を刈り、小さく刻んで布袋に入れて浴槽に浮かべます。または、葉を太陽で1週間ほど乾燥させてから布袋に入れて浴槽に浮かべます。

〈みかん湯〉

みかんを食べたあと、皮をきれいに水洗いして陰干しをします。乾燥した皮を片手で持てる量を布袋に入れます。お風呂にお湯を入れると同時に布袋を入れ、入浴時に少し袋を揉むと香りが増します。

〈生姜湯〉

生ショウガを皮ごと洗います。水を切ったあと1～2ミリの厚さに切ります。天日または室内でカラカラに乾燥させます。お茶パックに5～10枚入れてお風呂に入れます。

〈大根湯〉

大根の葉を風通しのよい日陰に吊るして干します。3日～10日間で乾燥するので、乾いたあと、葉を1本分、細かく刻んで布袋につめて、風呂に入れます。

〈みょうが湯〉

大きいみょうがを5個～6個生のままお茶パックに入れて、お風呂に入れます。湯船の中で少し潰すと柔らかい香りが増します。

【2021年1月29日】 白湯《さゆ》を飲む①

コロナウイルスが蔓延しています。インフルエンザや風邪のウイルスも蔓延しています。白湯を飲んで身体からウイルスを流し出してください。

体調が良くない、だるい、元気が出ない、便秘気味、食欲がないなど、〝何か変〟と思った時から白湯を2リットル飲んでください。

白湯を1時間ごとに２００cc飲みます。もっと飲めるなら、30分ごとに1回２００ccの白湯を飲めば身体に入ったウイルスは尿に流れていき、身体に溜まるウイルスは最小限ですみます。

コロナウイルスやインフルエンザは、鼻やのど、目などから菌が入ります。そのほとんどが上気道に集まってきますから、鼻うがいと口うがいをします。そのあとに1日2リットルの白湯を1回２００ccに分けて飲みます。

〈白湯の作り方〉

お水を沸騰させたあと冷まします。一気に飲める温度まで下げてから飲みます。個人差はありますが、40～50度ぐらいが良いと思います。塩は入れてはいけません。真水を沸かした白湯を飲みます。毎回２００cc飲みます。

【2021年1月29日】 梅干しを食べる②

日本には食べ物にまつわることわざがあります。

「柿が赤くなると医者は青くなる」と「梅干しには命を守る7つの徳がある」です。

柿は栄養化が高くバランスが取れた果物で、梅干しはさまざまな薬効の働きを持っています。

では、7つの徳とはなんでしょうか?

殺菌、解毒、解熱、鎮痛、消炎、整腸、血液浄化などの薬効があります。

脳が疲れてくると糖分の多いお菓子などを食べたくなり、身体が疲れてくると、すっぱいものを食べたくなります。

身体が疲れると、身体がクエン酸を欲している証拠で、クエン酸は体内でエネルギー源を燃やすだけでなく、疲労の原因となる乳酸を体外に排出してくれます。

梅干しの塩分には殺菌や防腐、抗生の働きがあり、クエン酸をはじめとする数々の有機酸にも強力な殺菌力があります。これらが、Ｏ－１５７などのサルモネラ菌、黄色ブドウ球菌といった食中毒を引き起こす細菌を抑制してくれます。

さらに梅干しは、悪玉菌だけを殺菌し、善玉菌は活性化するという機能が備わっていて副作用のない、最高の天然抗生物質です。

梅のクエン酸は乳酸やコレステロールを排出する働きがあります。そのために、動脈硬化や心筋梗塞などを引き起こす血栓などを80～90％抑制することができます。

毎日、１日に１個か２個、梅干しを食べましょう。食べ方はいろいろあります。


梅干しのおむすびを作って食べます。

梅干しをコップに入れて50度の白湯で飲みます。

梅干しをお粥に入れて食べます。

梅干しスープ。

肉や魚介、野菜、大豆製品などは、身体の栄養のバランスも良くなるので、体調不良の時などに、これらの具材を入れて〝梅干し〟と〝塩〟だけで味をつけた梅干しスープを飲みます。
※梅干しは昔から作られているシンプルな梅干しを使う。蜂蜜や鰹節入りは口に優しく美

味しいですが塩で漬けて土用に干した梅干しが良い。

【2021年2月1日】 太陽に当たる③

朝日を浴びましょう。時間がなくても、簡単にできる健康法は散歩です。歩くこと、散歩することで生活のリズムが正しく動くようになります。太陽に当たることで、誰もが生まれた時から持っている体内時計が正常に、正確に動くようになります。

体内時計が整うと、朝の目覚めの時間も夜の就寝時間も正しくなるため、朝の目覚めはスッキリし、夜は早く眠りにつきます。早寝早起きが習慣になるので、必然と元気になります。

皮膚が太陽光の紫外線B波にさらされると、体内でビタミンDが生産されます。よってビタミンDは〝太陽ビタミン〟〝幸せビタミン〟と呼ばれています。ビタミンDは骨を活性化させ、健康のための重要な役割を果たします。ビタミンDは、高血圧や糖尿病、ガン、心臓病や脳の病気には欠かせないものです。

適度な日光浴は人間の身体から切っても切り離せないものです。

規則正しく食事を取ることと太陽に当たることは大切なことです。散歩ができない人は日向ぼっこでも良いでしょう。家の縁側に座って太陽に当たりましょう。

コロナウイルスに感染して外に行けない人は、窓を開けて少しでも太陽の光が入ってくる場所で寝てください。手や足を布団から出して太陽に当ててください。風が寒いなら窓を閉めてもかまいませんが、できるだけ太陽を直接浴びてください。布団から少しの時間でも出られるならベランダや縁側にイスを出して太陽に当たりましょう。

太陽の光はビタミンです！

【2021年2月2日】 お茶を飲む④

お茶にはコロナウイルスを体内で弱める効果があります。茶葉に含まれるカテキンが大きな効果を発揮します。

お茶は生活習慣病の予防にも効果がありますが、今回特に注目したいのは「抗酸化作用」です。抗酸化作用については前にも述べましたから省略します。

お茶の抗酸化力はビタミンCやビタミンEの数十倍の力があります。お茶にはビタミンCやビタミンEだけでなくカテキン、βカロチン、ミネラル類など、たくさんの抗酸化物質が含まれています。

コレステロールの血中濃度が高くなると、血管の内側にコレステロールがこびりつきます。こびりついたコレステロールが酸化すると血管が詰まりやすくなり、コロナウイルスも引き金となり心筋梗塞、狭心症、脳梗塞などを発症する可能性が高くなるのです。

お茶のカテキン成分であるエピガロカテキンガレートが、悪玉コレステロールの酸化を抑えるので、急須に沸かしたお湯を注いで、毎食のご飯の時や合間にお茶を飲んでください。

薬を服用している人、コロナウイルスに感染した人には副作用が最も少ないウマブドウ茶をお勧めします。

〈補足説明〉

摂取するカフェインの量
利尿作用（トイレが近くなります）
鉄分の吸収低下の可能性（健常者で普通に食事が採れていれば、極端に不足することはない）

【2021年2月3日】　お部屋をお茶で除菌霧吹き⑤

部屋の湿度が40％を切ると風邪やインフルエンザウイルスは活発化すると言われています。そして今、猛威をふるっているコロナウイルスは湿度が50％を切ると、なお活発化します。

部屋の湿度が60～80％になれば、風邪やインフルエンザ、コロナウイルスはほぼ完全に予防できます。部屋を緑茶で除菌霧吹きをして、湿度を50～60％（相対湿度）に保つことが大事です。

そこで部屋の湿度を上げるために身近で簡単にできる方法をお伝えします。

まず、きめの細かい霧吹きスプレーを準備します。

１００円均一製品でも大丈夫ですが、目が細かな霧状の水が出ることが条件です。霧吹きの中に、お湯で沸かした緑茶を入れてシュッシュッ！とするだけで湿度はすぐ回復するし、速攻で除菌ができます。

そして、部屋の除菌と乾燥を防ぐだけでなく、咳やクシャミで飛沫しているコロナウイルスが床に落ちてくるので簡易モップなどできれいに拭き取りましょう。使用した簡易モップのウエットシートなどは小さなビニール袋に入れて口をしっかり結んでゴミに捨てます。

鼻やのどの粘膜は、空気中の雑菌やウイルスの侵入を防ぐ役目がありますが、空気が乾燥するとその粘膜の防御機能が低下します。

空気の乾燥はウイルスが体内に侵入しやすくなるので、部屋中を1日に1〜2回程度スプレーで散布しながら歩きます。敷地にもよりますが部屋の大きさで時間を見ながら散布をしましょう。

また、コロナウイルス感染者がいる家、濃厚接触者として自宅待機している人がいる家では1日3回、1時間を目途に空中除菌霧吹きをしましょう。

また家族が乗車する場合は、車に乗る20分ほど前に車中空間で除菌霧吹きをしましょう。

尚、お茶の成分がつくことでシミにならないように注意は必要です。

【2021年2月4日】 鼻うがいをする⑥

目には目頭の近くに涙を出す穴があります。涙の出口は目頭の少し下の位置にあり、鼻の穴に繋がっています。

耳の中には鼓膜があり、中耳には圧力を調整する耳管があって、耳管はのどの奥の咽頭に繋がっています。

口、鼻、耳、目は全て繋がっていることになります。

鼻の中央の骨には左右に4ヶ所ずつの穴（空間）があります。この空間を副鼻腔というのですが、この副鼻腔に風邪のウイルスやコロナウイルスが入ると炎症を起こします。

その症状を「蓄膿症」や「副鼻腔炎」と言います。「副鼻腔炎」になっても粘膜が腫れるだけで、膿がない場合もあります。

しかしコロナウイルスや風邪、インフルエンザなどのウイルスが副鼻腔に入り込むとなかなか症状は改善しません。

そこで大事なことはうがいです。

のどのうがいだけでは鼻の奥の上咽頭を洗い流すことができません。

穴は全てに繋がっていますから、特に鼻の中に鼻水をためないようにしましょう。

目頭がモゾモゾする、目がかゆくなる時は目を洗いましょう。

鼻がムズムズする、鼻水が出る、匂いや味が違うと思ったら鼻うがいをします。

のどがイガイガする、クシャミが出る、咳が出る時は口うがいをします。

鼻うがいは、体液と同じ浸透圧0・9％の食塩水を使います。

食塩水の作り方は、お湯を一旦沸騰させたあと、1家族5人で1000㎖（1000cc）に9gの塩を入れて溶き、36～38度程の体温に近いぬるま湯にしてから鼻うがいをします。

外出した場合は帰ったあとに手洗い、口うがい、鼻うがいをお勧めします。

1日1回で充分ですが、2回までにしてください。何度もするとかえって粘膜を痛めてしまいます。

コロナウイルスに感染すると味覚障害や嗅覚障害、風味障害が起こったりします。

最近日本にも入ってきた変異株は、味覚や嗅覚、風味さえも正常なので感染に気づきません。変異株は瞬時に変化し進化しています。

味覚や嗅覚に異常がないからといってＰＣＲ検査を受けない人がいますが、それは大きな間違いです。

特に、噛む力が弱くてだ液が少ない高齢者と、化学食品やスナック菓子、菓子パンばかり食べている若者はだ液が少ないため、粘膜が乾燥すると舌で味の判断ができないので、鼻や口の異常もわかりにくいのです。

コロナウイルス感染防止のためにも口うがい、鼻うがいをしっかりとしてください。


〈鼻うがいの注意〉

２００㏄のお湯に対し塩は１・８ｇ。

お湯の分量は１回、２００㏄。多くても２５０㏄まで。

鼻のうがい目安は１分～２分。

熱湯を冷ますために水道水や他の飲料水を刺し水として使用しない。

鼻うがい用のお湯は作り置きせず、使用する直前に作る。

【2021年2月5日】 合併症を持っている人への注意⑦

今のコロナウイルス合併症に挙げられている中で怖いものは腎機能障害です。特に人工透析をしている人たちは免疫機能が低下している場合があるので、ウイルスが入ってくるとそのまま重症の肺炎になってしまいます。人工透析をしている人は亜鉛と血清リン濃度の検査をしてもらいましょう。

コロナウイルス感染症の肺炎は単なる肺炎ではなく血管に障害を起こします。つまり、血管に血栓ができるため、脳に詰まれば脳梗塞、心臓の血管が詰まれば心筋梗塞を起こす血管病です。

今まで心筋梗塞や脳梗塞を1度でも起こした人や糖尿病の人は血管がすでに傷ついているため、血栓ができやすく、詰まりやすくなっています。

また、肺気腫の病を持っている人も気をつけましょう。空気を取り込む肺胞が既に痛んでいるので肺炎にかかると必要最小限の酸素も吸えなくなります。

コロナウイルスは鼻、口、咽頭などの上気道で増殖したのち、血管に侵入していきます。下気道を通って気管や気管支、肺に入ってくるので、鼻うがいや口うがいをして白湯を飲み、気管や肺に入る前にウイルスを尿で流してください。

【2021年2月6日】　コロナウイルスに感染したあと⑧

コロナウイルスに感染し、病院やホテルで治療を終えたあとは自分で体力を戻しましょう。

「感染した」と思うと心が沈みますが今からがチャンスです。コロナにも負けない、自分にも負けない努力を今からしましょう。

簡単なことです。小学生でもできるので守ってください。

またコロナ感染者でなくても、元気な身体になりますから一緒にしてください。

〈コロナに感染したあとは治療と同じ日数〉

病院、ホテル、自宅で治療した日数と同じ日数だけ、仕事や学校を休んでのんびりします。

〈朝昼晩の日常生活〉


朝起きたら２００ccの温かい白湯を飲む。

豆腐に油揚げを入れた味噌汁を飲む。

午前中に30分ほど散歩をする。散歩できない人は日向ぼっこをする。

散歩の前後に白湯を飲む。

10時にプチおやつを食べる。（量は、３口ぐらいまでのクッキーや1～2個のキャンディー）

午前中に30分～1時間、布団の中で横になって寝る。（電気カーペットやコタツの中では寝ない）

昼食が麺の場合は野菜をたくさん入れた五目麺を食べる。

午後に２００ccの温かい白湯を飲む。

午後に30分～1時間だけ、本を読むか、絵を描く。

午後に30分～1時間、布団の中で横になって寝る。（電気カーペットやコタツの中では寝ない）

午後に30分間、日向ぼっこをする。
午後に30分～1時間、掃除か料理をする。

17時～18時前後の間で夕食を食べる。
夕食はスープ系の軽いご飯を食べる。
21時までに小さめのバナナを1本食べる。
食事のあと、30分以上経過してから、お風呂に入る。
お風呂から出てきたら、温かい白湯を２００cc飲む。
お風呂のあと、５分～10分横になると身体が楽になる。
足の裏（湧泉をもむ）足の指や爪の体操をする。
布団に入る前の30分間の間に２００ccの白湯を飲む。
20時以降は布団のなかで身体を休める。（眠れなくても布団に入る）

〈注意〉
18時以降は携帯電話を使用しない。（電磁波の影響を避ける）

1日のテレビ視聴時間は平均2時間以内で終える。
お風呂から出て、すぐソックスを履かない。
寝る時、ソックスは履かない。
寝る時に湯たんぽを入れて足先を温める。
睡眠時間は7~8時間寝る。
夜23時~2時までの間は熟睡する。（身体にとって最も大事な時間帯）
主食の基本は米飯。
よく噛んでご飯を食べる。

【2021年2月7日】 根の野菜を食べる⑨

コロナウイルスに感染した人は腸が弱っています。
コロナウイルスに感染する家は排水溝が汚いです。

生米から炊いたお粥を食べてください。
野菜をたっぷり入れて、サラサラお粥です。（身体の水分を補います）

腸まで水分が届くようなサラサラお粥です。
納豆を食べてください。
大豆や豆を食べてください。
味噌汁を毎日飲んでください。
梅干しを切らさないようにして食べてください。
ごぼう、たまねぎなど、善玉菌の好物になるものも食べてください。
オリゴ糖や食物繊維が多く含まれている根の野菜です。

ニンニク、ネギ、番外で玉ねぎ、ニラ、セロリなど臭いの強い野菜は「身体の中の魔法使い」ですから「ちちんぷいぷい」のまじないのように身体を治してくれます。意識して多めに食べましょう。野菜スープ、サラサラお粥、煮物を食べましょう。

〔地震・津波　災害の回避法〕

土地の守りは鹿の角と卵型水晶　水晶龍は村の鎮守さま的役割

【2012年12月17日】千体の龍を日本に配置

伝えたいことがあります。人生は思い通りになります。

運は強い方に動きます。運を引き寄せ、日本を災害から守りましょう。

皆で頑張って日本のために、世界のために、千体の龍を日本全国都道府県、市町村に配置して人工災害、自然災害から守りましょう。

日本の富士山を守る浄化室を作ることが大切です。

【2019年2月25日】 水晶龍を配置する

早く、水晶龍を全国、全市に配置しなくてはいけません。当初1000体と申し上げましたが、日本全体が腐敗するスピードが早まっています。47都道府県に全て配置すること、また各市にも配置すること。

アイラブストーンは早急に龍の配置図を完成させなさい。そして各県に配置している水晶龍の現状を表に出し、特に水晶龍が入っていない県や市に呼びかけなさい。

お金があっても龍の配置が無ければ、家や土地に亀裂が入り住めなくなります。

田畑があっても亀裂が入れば農作物も作れません。明日の生活ができなくなるのです。

愛と光の本を読まれた方々が、これからは川越の店舗資金を出してくれます。水晶龍を購入して土地を守らなくては大きな地震に見舞われます。

地震が来てからでは遅いのです。早めに水晶龍や石の龍を設置して、地震や噴火を未然に防がなくてはなりません。

急ぎなさい。地震は足元で大きく唸っています。黒い津波が襲えば、ひとたまりもないのです。黒い津波は30センチの波で歩行を阻止してしまいます。肺に入れば大病を患います。20センチ以上の水晶龍が日本に早く配置されれば、全てを回避することはできなくとも地震や噴火を遅らせることはできます。

全市、全県に早く龍が配置されるように地図を急ぎなさい。そして、公表するのです。村中愛が選んだ龍は駒なのです。先手、先手で進みましょう。このままでは大きな地震に飲み込まれます。

【2019年5月18日】日向灘の地震と九州南部の大雨

一昨日から九州南部では湿った空気が流れ込み広範囲で雨が降っています。種子島や屋久島の方々は土砂崩れや川の増水、雷雨など引き続き注意してください。また、強い風が吹き、台風かと思うような風速、突風から、停電にも注意してください。外出される方は水位や強風に注意してください。

九州、日向灘に起こると予想された地震を大量の雨で冷やしています。

18日までに起こると予想した本震地震7の大きな地震は分散され回避の方向に進んでいます。

しかし、まだ祈りは大事です。

備蓄を心がけている人は安心です。今後も備蓄を心がけてください。

箱根山の噴煙にも注意してください。

【２０１９年10月12日】 祈り合わせ

日本全国で一斉に祈りましょう、全ての人々の祈りで未来は変わります。

時間は朝の6時、朝の9時
お昼の12時午後の3時（15時）
夕方の6時（18時）
夜の9時（21時）、夜の12時（0時）、夜中の3時

自分の可能な時間で、自分の可能な場所で、自分の可能な祈りで
神さまへの祈り、仏さまへの祈り、自然への祈り、感謝への祈り、回避への祈り

【2020年2月6日】 悪疫と津波封じの海門寺

海底が動いています。地震が増えます、注意してください。

コロナウイルスだけに意識を向けてはいけません。地震にも意識してください。

大分県別府市にある海門寺は古くから飢餓や悪疫にご利益があります。今中国から出たコロナウイルスも悪疫です。皆さまでコロナウイルスや新型インフルエンザの終息祈念をしてください。


私たちは漠然と祈りの場所を決めたのではありません。

2020年1月10日に海門寺に行くように伝えました。その頃、日本人は誰もコロナウイルスのことは知りませんでした。

ここで神仏に誓い「日本で2020年8月オリンピックを開催します」と宣言してきてください。オリンピックが開催できないと日本は今以上に経済が落ち込みます。

また、別府港沖合にあった瓜生島と久米島が大地震で海底に沈みましたが、久米島にあった木像が海門寺に流れ着き、津波封じの仏さまとして今も祭られています。

今日本は大きな地震の予兆がありますから、是非皆さままで地震と津波の回避をお願いしたいと思います。

【2020年7月7日】 地震や水害 防ぎ方

地震が多い時は〝ないの神〟に祈りなさい。
水害が多い時は〝川中不動〟に頼みなさい。
川が氾濫する恐れがある時や雨が止まない時は水晶龍を水につけなさい。
3つを守れば、結果は出ます。

【2021年3月15日】 鹿の角を埋める理由

鹿の角（土地守り）

地震、噴火、火災、津波、水害、浸水などから土地を守る〝土地守り〟です。

ニホンジカは日本全国にいる動物です。また鹿はいろいろな特徴を持っています。

鹿には、海や川を泳ぎきる力があります。（塩水でも真水でも溺れません）

「角」は、骨の組織・硬い皮膚でできていて、1年ごとに新しい角に生え変わり、生命の復活を意味します。

「毛」は、冬毛・夏毛と生え変わり、寒さ暑さに対応できます。

「ひずめ」は、大きくて硬いひずめを持ち、遠くまで歩くことができます。

「歯」は、丈夫な歯を34本持ち、食べ物をよく嚙んで食べます。

「胃袋」は、4つありそれぞれが分解、消化の役割をしっかりします。

「時速」70キロで走り、反射神経がよく、障害物を避けながら方向転換ができます。

このように、動物として優れた力を持っています。

また、角は毎年生え変わるので角を使用するために鹿を殺生することはありません。

【2021年4月9日】地震、災害

２０１９年1月から２０２１年3月31日までの一言メッセージ
海水温度だけでなく、地熱が上がってきたので鹿の角を土に埋めて地熱が上がるのを防ぎなさい。

水害、火災、地震、津波などから身を守るために〝赤い糸で結んだ鹿の角〟を持ちなさい。１度赤い糸で結んだものは解いても良い。ブレスレット、ストラップ、ネックレスに変化させてもよい。鹿の角は、ヒスイやカーネリアンやサンゴと相性が良いので一緒に結んでも良い。

津波が襲う前、浸水など水害で被害が出る前に、噴火や火災で被害が出る前に〝鹿の角〟を土地に埋めなさい。魔除けになります。

地熱が高くなってきた。日本全国どこに大きな地震が起きても不思議ではない。震度６以上でもすべて余震である。

地球は何度か大きく変わってきた。今、急速に大陸の風化が進んでいる。地球全体の風化と離心率変動を計算すると40・5万年前の地球に似ている。大きな地震が何度も繰り返し起こってくる。

２０２１年の６月以降は大雨に注意しなさい。梅雨前線が活発化する。

２０２１年は何度も大きな地震（震度６以上）が地球規模で起きてくる、そのたびに津波に注意しなさい。

土に触って土の温度を調べなさい。日本全国で土の温度を調べたら地震の予兆を感じることができます。朝、８時に毎日測ればわかることです。

【２０２１年６月13日】　色・匂い／臭い・風

自然災害が起きる前に普段から注意してほしいことが３つあります。

空の色が変わります。

変な臭いがします。

一瞬、風が止まります。

空は身近な絵図ですから、どんな色で塗られているのか意識してみます。

〈色〉

朝、東の空に真っ赤な朝日が昇ってきたら午後は雨。

朝、ピンク⇓オレンジ⇓黄赤へと順番に明るい色に変わっていけば１日晴れ。

南から北に向け、黒い雲が流れると注意・大雨。

青・黒・白の三色が空に同時に出て風が雲を飛ばしている時は要注意。

突然の豪雨で天候は激変。

異常に分厚い雲が突然出る暴雨。

短時間で真っ黒い雲が出る雹が降る・大雨。

〈臭い・匂い〉

異変が生じたら普段はしない臭い・匂いがします。

魚や貝の腐った匂い。

ガソリンのような匂い。

土の匂い。

ドブのような匂い。

若竹をさくような匂い。

サビ（鉄）のような匂い。


〈風〉

風が一瞬止まります。

風の吹き方に変化が出ます。

小さな葉が地面でクルクル回ります。

下から上に葉が舞い上がります。


〈意外な話〉

震度計で地震や地滑りを観測する前に、鳥や獣は地震を察知します。

揺れる前に鳥は一斉に察知して飛び立ちます。

地面でエサを取る鳥は一羽もいなくなり飛び立ちます。鳥が一斉に鳴きながら飛び立つ時は注意してください。

【2021年7月7日】 鹿の角

大雨が降って土砂崩れが起きました。

たくさんの尊い命が失われていくのを報道されるのは辛いことです。

千体の龍を日本中に設置してほしいと何度も私たちは頼みました。

水晶龍は如何なる災害からも護る鎮守さまの役割。

水害が起きるから鹿の角（身護り）を埋めてくださいと4月からお願いしました。

地震、噴火、火災、津波、水害、浸水などから身を守る〝身護り〟です。

ですが、現状は水晶龍と同じで数が少ない。

みんなが自宅に水晶龍を設置して、水晶玉や卵型の水晶を土地に埋めて浄化する。鹿の角を埋めて、水害や災害から守りましょう。


幸せはみんなの手の中にあり不幸（災害）はみんなが手を離したところに寄ってきます。

【2021年11月23日】 配置する

中央構造線の両脇とフォッサマグナの両脇にある神社やお寺、会社や自宅に水晶龍を配置して地域や自宅を守ってください。

水晶龍は必ず危機がきたら、あなたやあなたの家族や地域の人を背中に乗せて災害から守ってくれます。

中央構造線の両脇とフォッサマグナの両脇に鹿の角を配置して埋めてください。

鹿は如何なる場合も溺れることなく優雅に泳いであなたを背中に乗せ助けてくれます。

中央構造線の両脇とフォッサマグナの両脇に卵型の石を配置して埋めてください。

卵型の石を埋める時は、小さな方を下にして埋めてください。

地震や噴火が起きた時、石がひっくりかえって大地を鎮めて留めることでしょう。

水晶龍、鹿の角、卵型の石はあなたを守る大事な御守りです。

【2021年12月8日】　サービスエリアに鹿の角

高速自動車道路、自動車専用道路、有料道路など、高速道路にもたくさんの名前があります。

高速道路には必ずと言ってもよいほどサービスエリアがあります。高速道路は日本の道路の血管とも言えます。無数の高速道路を走る車は、血管の中を流れる血液のようなものです。

鹿の角は、サービスエリア近くにも埋めてください。ジャンクションが近いサービスエリアは必ず埋めてください。人間の身体は血管が詰まると心筋梗塞や動脈硬化になるように、道路も詰まれば噴火を起こしますから、意識して鹿の角を埋めましょう。

小川　私たちは、世界14万４０００人の平和の祈りでは、２０１６年から全国全県講演会を開催し、「平和」「地震や噴火」「台風や水害」「コロナウイルスの終息」「サバクトビバッタの回避」「ミサイルの回避」について全国の志を同じくする仲間と祈り合せを行ってきました。

その中でも特に、
1年目、2016年は14万4000人の平和の祈りとお詫び。
2年目、2017年は14万4000人の各国への平和の祈りとお詫び。
3年目、2018年は14万4000人の地球への祈りとお詫び。
4年目、2019年は14万4000人の星々への祈り（星と星との空間）
5年目、2020年は14万4000人の宇宙への祈り（真理・根源）

2021年は大縁会。コロナウイルスのため2022年10月1日と2日に延期しました。

そして、今年は2022年の「大災難」を回避するために11人で一つのグループを作り、それぞれの問題を回避するために祈り合わせを行っています。
祈り方は自由でそれぞれの日にちの15時と21時に1分間、それぞれの問題の解決を祈るグループを21作りました。

世界14万4000人の平和の祈りでは、人と人が結び合う、集合意識での祈りでしたが、2022年からは個々で自ら立ち上がり目的に合わせて祈り合いをします。
祈りの中にはテーマがありますから、テーマに沿ってグループ内で話し合いを持ち、研鑽も行われています。アバウトだった問題から身近な生活に合わせて考える大事さも併せて学んでいます。

毎日、日本の中で至る場所から祈ること、自らが自覚して行動していくことが大事です。
テーマと時間は私が決めさせて頂きましたが、祈りの日や祈り方はグループ内で決めていただきました。

テーマ
1．温暖化による気候変動は、毎月1日・11日・21日・31日
2．枯渇と水不足は、毎月2日・12日・22日
3．食料廃棄は、毎月3日・13日・23日
4．黄砂や砂漠化は、毎月4日・14日・24日

5. ウイルスは、毎月5日・15日・25日
6. 隕石や火球の落下は、毎月6日・16日・26日
7. 戦争や他国との摩擦は、毎月7日・17日・27日
8. 噴火と地震は、毎月8日・18日・28日
9. 氷河の融解《ゆうかい》は、毎月9日・19日・29日
10. 森林破壊は、毎月10日・20日・30日
11. 宇宙ゴミ（スペースデブリ）は、毎月11日・22日
12. 食料危機は、毎月2日・12日・22日
13. 寒冷化は、毎月3日・13日・23日
14. 貧困化は、毎月14日・28日
15. 地球爆発は、毎月5日・15日・25日
16. 人工知能問題は、毎月16日・26日・新月の日・満月の日
17. 海洋汚染は、毎月11日・17日
18. 水害と干ばつ回避は、毎月1日・11日・21日
19. 人種差別は、毎月9日・19日・29日
20. 若者が結婚でき喜べる社会は、毎月10日・20日・30日

21. 弥勒の世

ラインのグループに入って祈り合わせすることも自由に参加できます。祈りはいつでも、どこでも、誰でもできます。小さな子どもでも年配者でも、元気な人も病気の人も誰でもできることが祈りの原点です。

是非、皆さんにも祈り合わせのラインのグループに参加してほしいです。参加方法は、私のラインに参加希望を送ってください。

おわりに

１９８７年3月1日、富士山の噴火の映像が見えたことから私はメシアメジャーからのメッセージが始まりました。早いもので35年が経過しました。

メシアメジャーからのメッセージは心の中に文章が届きます。また大事な内容は映像になって届く時もありそのたびにメモ用紙に書き、ノートに書き写しました。

メッセージも３３００編を越え、本や講演会、今はコロナの関係でオンライン講演会に切り替え、未公開のメッセージも含めお話をさせていただくことが増えてまいりました。

この度は小川雅弘さんより度重なる地震や噴火など気象変動による災害を何とか回避できないだろうか、私たちにも打つ手はないだろうかと相談を受けたことから、真剣にメッセージについて話し合いをしました。そしてメッセージをテーマごとに分け、回避の方法まで書きました。是非、皆さまにも読んでいただき今後の参考にしていただければ幸いです。

あとメシアメジャー図書室『ふみくら』は、35周年を1つの記念として作るようにとのメッセージがあり、昨年10月より準備に入り、２０２２年3月にオープンすることになりました。

今までのメッセージや未公開の情報を開示する会員限定の図書室です。

会員になっていただきますと『ふみくら』での限定書籍の閲覧ができ、その他にも特別な特典がそれぞれに受けられるようになっております。

〝ふみ（文）くら（蔵）〟とは、メシアメジャーから届いたメッセージを意味しています。『ふみくら』に入りましたら壁には数万個の星を配置したビーズで宇宙を再現しています。地球から見た星々、シリウス星や北斗七星、アンドロメダなど。

今宇宙は地球以上に急激に冷え、ブラックホールに吸い込まれ星が消えていく状態を見てメシアメジャーから「宇宙に愛を送る、宇宙に新しい星を作ってください」と言われ壁に星を作ることになりました。ぜひ皆さま、コロナ感染者が減りましたら、またコロナが終息したなら、新たな星を作りにおいでくださればこれ以上の喜びはありません。

宇宙のシリウスから届きましたメッセージと共に、メシアメジャー図書室『ふみくら』もよろしくお願い致します。

村中愛　拝

おわりに

２０２２年1月に『一般財団法人アースキーパークリスタル協会』が設立されました。多くの皆さんのご支援のお陰で財団として発足することができました。本当に嬉しい限り感謝の言葉しかありません。２００７年に『アースキーパークリスタルPちゃん』と出会ったことが、今のすべてを形作っています。

この世の中は、すべてが『意識』です。言い換えれば『思った通り』になる世界、本来は二元主義の2つの事象、『ある』と『ない』、『善』と『悪』、『しあわせ』と『不幸せ』、『お金持ち』と『貧乏人』、『きれい』と『汚い』、『長生き』と『短命』、『喜び』と『悲しみ』など、三次元の出来事は、心が創り出した物差しによる『仮想』かも知れないと思っています。

本来は、ただ『ある』だけの世界なのです。

全ては、『ある』のです。

世の中は全てが仮想からできていて、心が縛られ不安や恐怖を作っているのではないか、つまり、見方や考え方を変えることで心のとらわれが変化する。目に見えるものも仮想であるのではないかと考えています。

2016年から始めた『世界14万4000人の平和の祈り』は、『アースキーパークリスタルPちゃん』と出会わなければ、この活動はなかったと思います。

昔から大好きだった『不思議世界』のアトランティスの物語、大きな水晶伝説の『ファイアーストーン』の存在、唐人駄場探索で知り合った知人が「ブラジルから世界最大のアースキーパークリスタルを日本に持ってきたい」その話に賛同した私は『アースキーパークリスタル』の言葉が心の中に深く刻まれ、その知人ができなかった『アースキーパークリスタル』を日本へ持ってくるという事業を漠然と心の中に抱き続けていました。高知の行きつけの石屋さんの「小川さん、今度、アメリカのツーソンの世界最大のミネラル博覧会に行くけど欲しい石はないですか？」の一言に、すぐさま『アースキーパークリスタル』が欲しいと答えていました。「そんなものは、すぐにはないと思います」と言われた3日後、アメリカからメールが届きました。『Pちゃん』との出会いでした。メールに添付されていた写真には『親鳥の餌をねだるような小鳥』の姿に似た形から『ピーちゃん』と勝手にニックネームを付けていました。とある本に『アースキーパークリスタルとは3

トン以上の水晶』と書いてあったので「Pちゃんは3トン以上の重さはありますか？」と確認して買うことになりました。ところが日本に入ってきて税関で3トンの半分の1・6トンしかないことが判明しました。アメリカの買主に聞くと「3000ポンドの間違いだった、嫌なら送り返してください」と言われたが、せっかく神戸まで遠路はるばる地球の裏側からお嫁入りしてくれたので喜んで我が家に迎えることとなりました。

この三次元の世界は『思い』の中で形作られそのことが具現化していく。アトランティスのとある本の中に『大きな水晶』を取り囲んで21人の人が祈ることが書いてありました。そしてもう一つ『14万4000人』の記載がありました。『1人が1人を見つけ、その2人が次の2人を見つけ、4人が次の4人を見つけ、12人が12人を見つけ、1000倍になり14万4000人になる』。

なぜかこの文章が心から離れませんでした。2015年アメリカの聖者が四国の海辺で空海とアマテラスを中心とした祭典をしたいとの話があり、私は室戸を推薦しました。空海が悟りを開いたと言われている場所でした。しかしその聖者との話は、具体的には進みませんでした。そこで、ずっと心の中に温めてきた『世界14万4000人の平和の祈り』を開催する決心をしました。『1人が1人を見つける』ために全国全県の講演会を企画し、人が1人も来なくても全県まわり、縁を紡ぐことを実行しました。1年やってみても『人の意識は変わらない』ことがわかり、5年間全国全県を回って講演会に行き『14万4000人』を探す決心をしました。2016年からの5年間の活動で、講演会を約500回開催し、延べ5000人を超える皆さんと縁を紡がせていただきました。

『祈り』は、『世界の安寧や、他者への想いを願いこめること。利他の精神。自分の中の神と繋がること。神など神格化されたものに対して、何かの実現を願うこと。祈禱、祈願ともいう』とあります。この5年間の『世界14万4000人の平和の祈り』の活動を通して実際に体験したことが、『地震や台風の被害を少なくする』『砂漠飛びバッタの行き先を変える』『病気を軽くする』など、『祈る』ことによって、現実が好転し、具体的な『未来』を創ることができることを確信させられました。言い換えれば『祈り』は、自分自身の『菩薩行』であり『魂の純化』であり『利他行』の究極の姿であると思われます。

『祈り』の中心は、『アースキーパークリスタルPちゃん』である。三次元に生きる私たちは、『目に見えるものだけを信じる』そのために、自分の『祈り』の力を疑います。すべては『見えない世界・思い』が創り出しています。私たちが目覚めるために『Pちゃん』は『ある』のです。

人類が、自分の力、根源の力、祈りの力を信じるようになるために。

「日本の人口が8000人になるか8000万人になるか2022年の12月22日までに選

択しなさい」と言われました。

自分たちに、できることをやるしかない。

具体的な回避策の一番は、『祈る』こと。

『祈る』ことは、誰にでもできる。

『祈る』ことは、いつでもできる。

『祈る』ことは、お金がかからない。

日本人は、『祈る』民族でした。その『祈る』民族が『祈り』を忘れてしまいました。

ゆでガエルのように鍋でぐつぐつと煮られ、滅亡することに気づかないように！

『大選別の時代』は、『祈りを忘れた人』と『祈りを取り戻した人』の選別なのかもしれません。

地球は、今、新たな時代を迎えようとしています。人類も古い衣を脱ぎ捨てて、意識を目覚めさせなければなりません。全ては簡単なことで『ある』ことに気づき、『思い』がすべてであることを知り、そのために『佳きことを思い』『佳き行動』を起こすだけです。

『大選別の時代』のあとには『弥勒の世』が待っています。一人一人が真我に目覚め、一人一人が地球を救う救世主であることを自覚し、一人一人が佳き祈りと行動をする。

私は、これから自分にできる『佳きこと』を行動していきます。

『アースキーパークリスタル財団を運営する』『祈りのグループを広げる』『世界14万４０００人の祈り人を探す』『エコビレッジを建設する』『自給自足を達成する』『しあわせな社会を建設する』『メタンハイドレートを実用化する』『誓約聖書を執筆する』『この世の理を解明する』などできることを成していきます。

最後に四国遍路のメッセージで締めくくりたいと思います。私はかつてより、歩いて四国遍路を回りたいと祈願していました。２０２１年2月21日から、念願の歩き遍路で四国88ヶ所霊場を回り始めました。祈願内容は『世界平和とコロナウイルスの終息と衆生救済』でした。徳島県の一番札所から歩きながら『祈り』ながら、心の中で唱えるように歩いていました。すると2番札所が終えて歩き出したころに先の祈願内容『世界平和とコロナウイルスの終息と衆生救済』を唱えた瞬間、心の中に言葉が飛び込んできました。

『おまえが、救え！』

えっ！　声が聞こえた？　チャネリングのできない私が、チャネリングできたとすぐさま携帯電話のお遍路日記に記しました。その後歩き遍路は、通算で２３０キロ歩いて、足の負傷で歩き遍路を断念し、車で回らせていただき、5月24日に高野山に結願のお礼参りに伺い、翌日の人間ドックで癌が発見されました。皆さまの献身的な『祈り』のお陰で、手術前と変わらない生活をさせていただけるようになりました。元気になりメシアメジャーのメッセージを読ませてもらうと不思議な記載に行き当たりました。

「2月21日に弥勒菩薩が小川さんに何を話したのか（話したのか、放したのか、離したのか）聞きたいものです。私たちも神の話には立ち入れませんから、答えがわかりません」

あの声は、弥勒菩薩だったのです。

『おまえが、救え！』

その言葉の重みを嚙みしめて、終わりの言葉とさせていただきます。

ありがとうございました。

2022年1月21日

小川雅弘

小川雅弘（おがわ まさひろ）

1960年高知県高知市に生まれる。立教大学を卒業後、石油会社を経て、運送業、レンタカー業などを務める。土佐経済同友会特別幹事、高知ニュービジネス協議会（一般社団法人）代表理事会長、高知県レンタカー協会会長など、地域の発展に尽力する一方で、一般財団法人アースキーパークリスタル協会代表理事、一般社団法人しあわせ推進会議代表理事会長を務める。

著書に、『アースキーパークリスタル〝Pchan〟』（SDP）、『たった今、宇宙銀行の財布の口が開きました』（ヒカルランド）、『幸せを呼ぶ純金家宝竹田和平の金言』（ビジネス社）、『智徳主義【まろUP！】で《日本経済の底上げ》は可能』（ヒカルランド共著：竹田和平・舩井勝仁・小川雅弘）、村中愛著『プレアデス『メシアメジャー』からの黙示メッセージ（序文）』（ヒカルランド）、『天皇とユダヤとキリストそしてプレアデス・メシアメジャー』（ヒカルランド共著：赤塚高仁・村中愛・小川雅弘）、『プレアデス・メシアメジャーとエドガー・ケイシーの未来リーディング』（ヒカルランド共著：白鳥哲・村中愛・小川雅弘）、『プレアデスメシアメジャーが示す「未曾有の大惨事」の超え方』（ヒカルランド共著：飛鳥昭雄・村中愛・小川雅弘）、『メシアメジャーが語った知って備えるべき未来Ⅰ 超緊急警告編』、『メシアメジャーが語った知って備えるべき未来Ⅱ 超サバイバル編』、『メシアメジャーが語った知って備えるべき未来Ⅲ上 祈り（意乗り）の超波動編』、『メシアメジャーが語った知って備えるべき未来Ⅲ下 千年紀ビジョン編』（ヒカルランド共著：村中愛・小川雅弘）、『時は今 封印が拓かれるとき』（きれい・ねっと共著：舩井勝仁・村中愛・小川雅弘）などがある。

詳しくは、アースキーパークリスタル協会のHPと小川雅弘オフィシャルブログをご覧ください。

http://earthkeepercrystal.com/

https://ameblo.jp/ogawa-masahiro/

村中 愛（むらなか あい）

1954年９月１日、高知県で生まれる。高知県で育ち、ごく普通の専業主婦として過ごしていたが、1987年からメシアメジャー（プレアデス星団の７人グループ）からメッセージが届くようになり、現在も記録を取り続けている。

メシアメジャーからのメッセージにより、56歳から高知県で浄化専門店「アイラブストーン」の経営を開始。

３年後には川越店をオープンし、店頭でパワーストーンの販売をするかたわら、個人の悩み・家相・土地・会社の相談も受け付けている。

2016年、還暦を機に講演活動も開始。

※村中愛メールマガジン『愛の便り』

メシアメジャーの最新メッセージやここ最近のことをメールマガジン形式で月４回発信しております。詳細やお申込み方法などはホームページから　http://ilovestone.net/

アイラブストーン　高知本店

〒780-8040　高知県高知市神田1038-１　TEL　088-831-0711

MAIL：mail@ilovestone.net

営業時間　10：00～17：00

定休日　毎週木曜日

アイラブストーン　川越店

〒350-0061　埼玉県川越市喜多町１-15　TEL/FAX　049-298-7613

MAIL：kawagoe@ilovestone.net

営業時間　10：00～16：00

定休日　毎週木曜日・不定休

愛乃コーポレーション

〒780-8040　高知県高知市神田1035－１　TEL/FAX　088-881-6193

営業時間　10：00～16：00

定休日　土・日・祝日（時間休業有）

天変地変　日本の未来が変わる！

空想世界にアクセスし、新しい未来を創造するbyメシアメジャー

第一刷　２０２２年６月30日

著者　小川雅弘
村中　愛

発行人　石井健資
発行所　株式会社ヒカルランド
〒１６２－０８２１　東京都新宿区津久戸町３－11　ＴＨ１ビル６Ｆ
電話　０３－６２６５－０８５２　ファックス　０３－６２６５－０８５３
http://www.hikaruland.co.jp　info@hikaruland.co.jp
振替　００１８０－８－４９６５８７
本文・カバー・製本　中央精版印刷株式会社
ＤＴＰ　株式会社キャップス
編集担当　高島敏子

ISBN978-4-86742-129-1

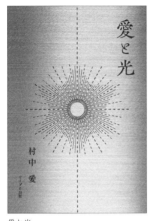

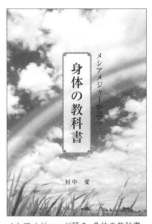

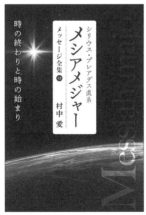

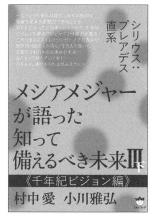

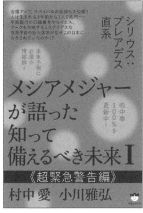

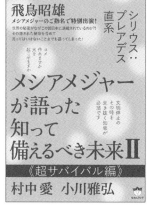

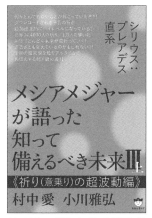

ヒカルランド　好評既刊！

地上の星☆ヒカルランド　銀河より届く愛と叡智の宅配便

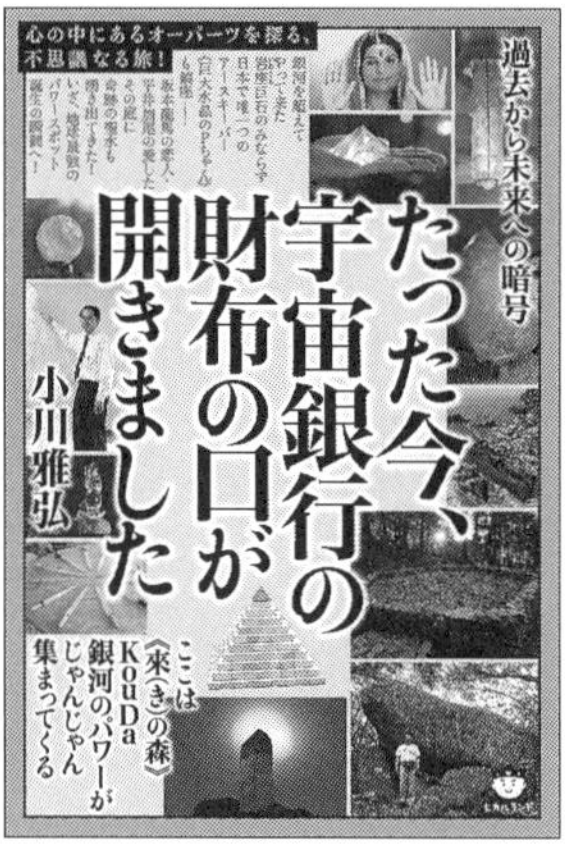

たった今、
宇宙銀行の財布の口が開きました
著者：小川雅弘
四六ソフト　本体1,750円+税

智徳主義【まろUP！】で
《日本経済の底上げ》は可能
著者：竹田和平／船井勝仁／小川雅弘
四六ソフト　本体1,750円+税

メシアメジャー健康編
免疫アップ
著者：村中 愛
四六ソフト　本体2,000円+税

メシアメジャー予言編
変動マップ
著者：村中 愛
四六ソフト　本体2,000円+税